教育をつくる

民主主義の可能性

片岡洋子
久冨善之
教育科学研究会
編

旬報社

はじめに

教育の民主主義を問いつづける

　「民主主義って何だ？　何だ！」という青年たちのシュプレヒコールが耳から消えません。2015年夏、「安保法制」の強行採決に抗議する人びとの波で埋まる国会議事堂周辺に何度もこだましていた若い世代の熱い声です。国会では危機に瀕する民主主義が、その外でみなぎるばかりに息づき、問い直されている光景に胸打たれていました。

　「どうせぼくなんか」「どうせ世の中そんなもんだよ」。子どもたちはよくそう口にします。教師だった私は、──「そうじゃないよ、自分をみくびっちゃいけないよ」「世の中はねえ、変わるし、変えることができるんだよ」と思いながら──それを言葉ではなく、実感で子どもたちに伝えたいともどかしく願いつづけていました。
　民主主義の対極は人を無力にすることだろうと思います。民主主義とは自分を自分の人生の主人公にできること、すべての構成員が自ら主体となって幸福を追求できる社会のことだと思うのです。教育の民主主義とはそのための希望と力量を、子どもたちに生きる燃料のように積み込むことだと考えていました。　それはとても難しい仕事ですが、そのために力を寄せ合い、試みつづけてこそ教育の仕事は意義深く面白いのだと思います。

　民主主義が輝いていた時代があります。長く苦しい戦争体験を経て、専制的な政治がいかに危険で不幸をもたらすかを痛切に学んだ国民が、平和と自由の方向に歩み出そうとしていた時代です。当時、民主主義は政治のあり方だけではなく、もっと大きな理想を秘めていました。「す

べての人間を個人として尊厳な価値を持つものとして取り扱おうとする心、それが民主主義の根本精神である。民主主義は、きわめて幅の広い、奥行きの深いものであり、人生のあらゆる方面で実現されていかなければならないものである。民主主義は、政治の原理であると同時に、経済の原理であり、教育の精神であり、社会の全般に行きわたって行くべき人間の共同生活の根本のあり方である」。これは戦後まもなくの文部省（当時）の著作で、1953（昭和28）年まで使用された中学生と高校生の社会科教科書の序文です。それまで「鴻毛よりも軽し」（軍人勅諭）として天皇と国家に捧げることを強要された命に対して、「個人の尊厳」とはどれほどのまぶしさをたたえた言葉であったか想像に難くありません。治安維持法の下で死刑をもって脅かされた思想と言論の自由も、偏狭な愛国心を鼓舞し子どもたちを戦争に駆り立てた教育も、民主主義の名において根底から解放される歴史の転換にどれほど多くの人びとが胸震わせたことでしょう。かつて、民主主義がこのように理解され、国民と青少年を激励した時代があったことを覚えておきたいと思います。

　民主主義を希望として戦後を出発してから70年、現代日本で民主主義はどのように国民に受けとられ、社会でどうあつかわれているでしょうか。とりわけ「教育の精神」としての民主主義は、学校現場でどのように生かされているでしょうか。
　制度や思想には発展や変転があり、かつての理解とは異なる新しい芽を時代が生み出すこともあれば、逆行や後退もあります。いま、民

主主義という言葉が空疎に響き、民主主義制度が選挙で多数を得た政権への全面委任として理解されているとすれば、私たちはもう一度民主主義の意味を問い質し、その価値と本質を探り直したいと願います。

　稀に見る経済的な成長を遂げながら、この国の生活と労働の現場で人びとの幸は薄く、子どもや青年にとっても未来は明るくは映っていないように見えます。広がる貧困と格差の下で、不当であることや理不尽であることに傷つき、誇りや承認を奪われている悔しさや苛立ちが重く社会に沈殿しているようです。負の感情にはさまざまな出口があります。妬み、あきらめ、復讐、より弱い他者への転嫁、異質な存在や意見への排除や攻撃、子どもの世界ではいじめや自傷などにかたちを変えることも少なくありません。しかし、私たちはその出口にもうひとつ、民主主義という名の大道を対置したいと願います。

　民主主義への道は人びとに生きる希望や自分の存在への肯定がなければ切り拓くことはできないでしょう。子どもたちが民主主義の価値と可能性を実感できるかどうかは、それぞれの獲得する学びの質と学校体験に基礎があり、歴史と世界に関するしっかりとした知を欠かすことはできません。また、自分への自信と他者への信頼、困難があっても現実は変えられるという可能性への確信は、自分が愛され、認められ、信頼された経験と、ささやかでもみんなの力で現実を動かした体験を抜きには実感できないでしょう。

　言葉の意味が反転し、民主主義が「選ばれた独裁」に姿を変え、平和の名で「戦争ができる国」へと傾く時代に、私たちは教育の重要性をあ

らためて自覚します。しかし、その教育もまた強い統制を受け、教師を縛り、目的を変質させ、自由が奪われていくなら民主主義は学校から窒息していくことになりかねません。教育科学研究会では、そうした思いから、昨年（2014年）夏、現場教師や教育研究者をはじめ教育にかかわる人びととともに「私の『教育の民主主義宣言』」を発しあう取り組みをおこないました。本書は、その成果を基礎に、さらに多くの人びととともに教育と民主主義を問いつづけるために企画されました。

　教育も民主主義もあらかじめ完成された理想型があるものではなく、失敗や試行錯誤をふくむ試みの連続であり、対立も超えて共同の力でより高みに登っていく過程にその魅力はあることでしょう。本書によって、もう一度教育と民主主義に希望を託したいと願う人びとがともに学びあうことができれば幸いです。

（佐藤　博）

はじめに

教育をつくる──民主主義の可能性

目次

はじめに ─────────────────────── 3
教育の民主主義を問いつづける

若手教師たちの今を聴き、希望を考える ────── 10
「管理＝困難」と「自由＝希望」はまだら模様
霜村三二

私の「教育の民主主義」づくり実践 ────────── 34
佐藤 博

子どもの権利と教育の民主主義 ──────────── 82
子どもの声に耳を傾けること
片岡洋子

学校をめぐる「抑圧」と「民主主義」────────── 94
久冨善之

一年生と生きる ────────────────────── 106
大江未来

中学生とともにつくる授業・学級・学校 ──────── 118
制野俊弘

ブックガイド ──────────────── 130
子どもといっしょに学ぶ民主主義
川上蓉子

民主主義なんかいらない？ ──────────── 136
中西新太郎

憲法の平和と民主主義をめぐる攻防の70年 ─── 148
渡辺 治

ブックガイド ──────────────── 174
民主主義と教育を考える
中村（新井）清二

おわりに ─────────────────── 179
教育の民主主義を創造しつづけよう

若手教師たちの今を聴き、希望を考える

「管理＝困難」と「自由＝希望」はまだら模様

霜村三二（元公立小学校教諭・都留文科大学非常勤講師）

1．民主主義ってなあに

　「民主主義を意識する瞬間はある？」と知り合った多くの若者たちに聞いてみました。若者たちの「民主主義」体験はどのようなものか気にかかるからです。

　若者たちは一様に「？」という反応を示しました。たしかにぼくらの世代がしきりに使った「民主的」という言葉は彼らから聞くことはまずありません。どうしてでしょうか。

　「だって、民主主義って多数決でしょ。決めなきゃいけないときに、多数決で決めてきたし、それに従うことが民主的な手続きだと思ってきた」

　世に、「自由」と「民主」を標榜しながら、多数を頼りに横暴な政策を推し進める者たちがいますが、それと同じように自分たちの「民主主義」体験にも辟易しているのだそうです。

　「民主主義なんて手続きであって、それは手垢の着いた言葉です」そういう若者や、「民主主義の名で過酷さを強いられるなら、もう民主主義は意味ない」とまで言い切る若者もいました。学校現場の若者たちの多くは過酷な状況を強いられていても、それへの抗いの思想としての民主主義を意識することはないようです。

けれど、歴史的にみれば、民主主義は抑圧されてきた者や少数者のやむにやまれぬ抵抗と、その主張・意見、行動の尊重というものこそ核心でした。だから、若者たちが「子どもがかわいいからこの教師という仕事が続けられる」というときに、それは一人ひとりの子どもを大切にしたいことから生じる想いであり、この想いの根にこそ民主主義は根づくはずです。

形式的な「民主主義」体験に辟易している若者たちに、彼らの現場での困難の日々を問い直す支援をすることによって、新たな「民主主義」体験の可能性を探ってもらいたい。それによって、「子どもがかわいい」と思うことを越えて、教師という仕事の希望への方途を見いだすことができるのではないか、若者たちに直接話を聞きながら考えてみたいと思います。

2. 「学校スタンダード」

「学校スタンダード」という奇妙なものが学校現場に押しつけられ、急速にひろがっています。学校名や地域名を冠した「スタンダード」は、過剰なまでに教師の指導内容や方法に干渉しています。それは同調圧力としても機能します。

そもそも「上」から持ちだされるこのカタカナ語というもの、いつもうさん臭いものです。たとえば、原発容認の「ベースロード電源」、労働法改悪の「ホワイトカラーエグゼンプション」などはさも重要であり、価値あるものに見せかけて、いつの間にやら改悪を実体化するときに使われる手法です。

「学校（教師）スタンダード」は生活、学習のすべてにわたって細かい規定をし、それに従順であることを教員に求めます。たとえば名前の呼称の統一、教室掲示の内容指示、言葉づかい、学習規律の徹底など。こんなものもあります。「教室の移動時は、教室内で整列させ担任がつき添い静かに移動させる。かならず出席簿を携帯し、人数の確認を行ってから専科教員に確実に渡す」、

「児童の登校以前に教室で迎え、明るく声をかける」(東京・多摩地区のS小学校)

　ここには教育活動に対する理解、教師の労働条件への配慮などはまったく見られません。現場の教師たちを抑え込み、委縮させる「スタンダード」は、これまで学校で合意されていたおおまかな「学校生活のきまり」「学校のやくそく」などとは質的に違ったものになっています。教職員を学校に縛りつけ、物言う自由を奪いかけているものです。「社畜」ということばがかつて使われましたが、今や教職員は「校畜」ともいうべき存在になりかけています。人権は名ばかり、勤務時間は無制限に長く、上意下達の指示命令、検閲まがいの学級通信のチェック、「説明責任」という無責任・無個性な文書主義、教育方法の画一化……。

　さらに教師の心を縛るだけではなく、子どもたちにも、さらには保護者にまであれこれの行動の規範を示し、自分で考えることを奪っていきます。「児童スタンダード」「生徒スタンダード」さらに「保護者スタンダード」と。

　ある若い教師はこう書いています。

> **「考えることが奪われている」**
>
> 　私は教師4年目になりました。今年度は、5年生35名の担任です。初めての高学年担任に戸惑いながらも、4月のスタートを切りました。朝は7時頃出勤し、夜9時過ぎに退勤する毎日です。
>
> 　職場は、ベテランの先生と若手の先生の二極化が年々進んでいます。また、異動が多いため、自校のことを知る人が少なくなっています。私も4年目ともなると、長く勤めているととらえられ、研究授業等を引き受けることも多くなりました。まだまだわからないことのほうが多く、初めて受け持つ学年ばかりで、教材研究もままなりません。
>
> 　それでも、学校が回るためには、そんな素振りも見せられず、「やります」「大丈夫です」と平気な顔をしてしまいます。いまの働き方にみんな

が疑問を持ち、その疑問が共有されながらも、なかなか現状から抜け出せません。
　日々の仕事が飽和状態のなかで、「私の『教育の民主主義 宣言』」を書けるかどうかわからないなと思いました。しかし、あらためて自分の働き方、子どもとのかかわりなどに目を向け、問い直したいとも思い書き始めてみると、"考えることが奪われている"ことを実感しました。
　職場では、形式化された文書の作成、勤務時間外でも平然と行われる職員会議や電話対応、教育委員会等からの来客のための環境整備などの仕事に追われ、立ち止まって考えることをしてこなかったことに気がつきました。

（三田さつき『教育』2014年8月号特集「私の『教育の民主主義 宣言』を」より）

　考えることを奪われる、これは人と人が関わり合い、新たな自分を創るという教育の場にふさわしいことではないし、もとになる〈私〉を失くすことになります。
　これを「顔の見えない教育」「体温を感じない学校組織」だと別の若い教師も書きます。

「『顔の見えない教育』に抗って」
●本当に「教育は人なり」か
「教育は人なり」
　教員採用試験の勉強をしていた頃、こんな言葉をよく耳にした。教育は教師と子ども、人と人との営みであり、教師の人柄が子どもに与える影響は大きい。だからこそ、教師としての資質が求められているというものだった。
　私が教師になって4年。たしかに、教師が子どもに与える影響は大きい

と感じている。教師の声かけ一つで、子どもは落ち込みもし、笑顔にもなる。子どもにとって、魅力的な先生のもとで過ごす毎日はきっと充実したものとなるだろう。しかし、私は疑問に思うことがある。それは、学校が求めている教師像がどのようなものであるのかということだ。よく言われる「情熱溢れる教師」だろうか。本当にそうか。建前ではそうかもしれないが、本当は違うのではないかと私は思うようになってきた。

●体温を感じない学校組織

　学校現場で働いて、学校組織の愚かさを感じずにはいられない。「教育は人なり」と言っておきながら、学校には無数のルールやマニュアルがある。教師の想いに関係なく、ある意味で円滑に学級を運営できるようにするためものだ。また、その価値観の中では、決められたルールを守る子どもは「いい子」として評価され、ルールからはみ出してしまった子は「わるい子」として見られる。当然、「わるい子」は指導の対象となるのだ。さらに、何かクラスで問題が起こると、校長室へ呼ばれ、管理職や生徒指導主任と対応策を話し合う。「そんな対応をしたら、保護者に何か言われるかもしれない」。そんな話が勤務時間外に延々と続くのが現状だ。

　子どもは当然、失敗もする。教師が困ったなあと思うようなこともときにはしてしまう。そのなかで、子どもたちはたくましく、そして豊かに成長していくはずだ。そのために必要なのは、管理職との学校のリスク回避のための話し合いではなく、子どもの想いを聞くことだ。その子の言動の背景を考え、その子の想いへ寄り添う。声にならない声や、時には攻撃性のあふれる声をうけとめる、繊細かつ柔らかであり、根気のいる、教師としての、そして人間としての行為だ。そんな熱意や想いをもった教育が必要なはずだ。

　しかし現在、そのような熱意や想いはむしろ、教師にとって邪魔になっ

> ているのかもしれない。教師に求められるのは、組織の一員として、管理職へしっかり報告すること、決まったことを決められたように行う忠実さだ。管理職が考える対応はとても役所的だ。子どもの顔さえ浮かばす、保護者の顔さえ浮かばない人が対応を考えるのだから当然である。「顔の見えない教育」。学校のための、リスク回避のための役所的な対応が学校に広まりつつある。そして、そこにおける価値観は無意識のうちに教師の内面へと入りこみ、教師を蝕(むしば)んでいく。
>
> （岩村高志『教育』2015年1月号特集「人間としての教師へ」より）

　行政によって進められていくこれらの施策の背景には、現場教師に対する強い不信感、更に憎しみさえあるようにみえます。だから、ほとんどの行政施策は教師の実践の自由を認めません。

　けれど自由のないところに教育が成立するはずがなく、教育現場の民主主義は危機に瀕し、若い教師たちや教師を目指す学生たちは教育に希望をもつことが困難になっています。

　このような現場でのあまりにもひどい自由を奪う「スタンダード」の押しつけをぼくはじりじりする思いで見聞きします。そしてそれを率先して実行させられている教師たちの無残さにたいし何らかの支援をして、状況をいくらかでも変えられたらと考えます。

3.　いつも百合子さんのことを思った

　ぼくは退職後に大学の非常勤講師として関わる学生たちだけでなく、多くの若手教師たちの支援をつづけています。それには二つの理由があります。木村百合子さんという一人の新任教師の自死とその後の裁判に向きあったこと、それにぼく自身の困難からの回復という体験があることです。

まず、その一つめ。ぼくは若者たちを支援する時にいつも心に置いていたのは、木村百合子さんへの想いでした。

　2004年9月、静岡の新任教師だった木村百合子さんは、通勤途上にある駐車場において自家用車内で焼身自殺をしました。自死する前、百合子さんは、発達障がいと思われる子どもや学級全体の指導に困難を抱えていましたが、それでも自分のもつすべての前向きな気持ちを振り絞るようにして立ち向かっていました。

　けれど、勤務する小学校では百合子さんを支援するどころか、指導の不十分さを叱責するばかり。「アルバイトじゃないんだぞ！」、「お前は問題ばかり起こしやがって」、彼女の遺した日記にはこんなにもひどいことばを浴びせられたことが記されていました（久冨善之、佐藤博編著『新採教師の死が遺したもの』高文研刊2012年、『新採教師はなぜ追いつめられたか』高文研刊2011年にくわしい）。

　ぼくがおこなった若者たちの話の聞き取りの中では百合子さんが浴びせられた同様のことばを何人からも聴きました。くわしく聞くくうちに、追いつめられた百合子さんが自死したことが、ぼくが出会った若者たちにも起きても不思議ではないと思いました。ぼくは、木村百合子さんの自死のことを2005年1月の「学びをつくる会」（東京周辺の教育関係者、研究者、学生などが月1回の学習会、研究集会を行っている）の集会で知りました。お母さんの話、今でも涙なしには思いだせません。

　以来、百合子さんの公務災害認定裁判支援にも協力し、百合子さんの死をもって訴えたかったことに応えるのは何か、ぼくには何ができるか考え続けてきました。

4．若者たちとの出会い

　二つめ。ぼくは40歳半ばを過ぎたころから自分に何ができたか、燃え尽き

た感が強くなり、教師を辞めたいという衝動を抑えきれずにいました。周りの友人たちも「もう仕事を辞めたい」とさかんに言うようになり、定年を待たず退職する人たちがつづきました。

　ぼくの場合は担任していた6年生の子どもたちの指導に手を焼いていたことが困難さの中心にありましたが、今から思うと目立ってきた体力的な衰えがそれに輪をかけていたのでしょう。それまでの自分の方法では対応ができないことに焦っていました。もちろんその頃から強まった学校の現場に押し寄せる意味の見えない「改革」施策が困難さを拡大していることも背景にありました。

　このときは、苦しみながらも、それを教育実践観の転換（応答のある授業づくりや「ことばを文字にとじこめない」実践づくりを目指す）と教職員組合中心の人間関係からの脱却（市の組合委員長を長く担っていましたが、その関わり以外に多彩な人たちとの交流を持つこと）によって少しずつ克服していきました。その後、周りの友人たちにもその経験を伝えることによって、早期離職を思いとどまってもらったことは何度もあります。困難の中でつかんだ希望でした。

　自分の経験・実践を研究会などで語る過程の中で数人の研究者たちと関わるようになります。そして、その方たちの紹介をきっかけに教師をめざす学生たちが継続的に教室に来るようになりました。学生たちの教室訪問、多いときには毎週だったこともあります。

　若い人たちとの交流の中で、彼ら・彼女らの教師イメージを抱く際に関わった責任を感じるようになり、この若者たちとはその後に教師生活を始めた今でもずっとコンタクトを取っています。自分が退職してからは時間も余裕があり一層それを重視してきました。

　ぼくの教室に来てくれていた若者たちにとって、現場の学校で求められることは学生の時に学んできたことやぼくの教室で見とった子ども理解、教師の仕事の事実とはあまりにもかけ離れています。そのおかしさとそれを押し

つけられる理不尽さを感じては度々メールやライン、電話をしてきます。厳しい指導に対応できない自分を責める若者もいます。

　現場での若い教師の実践や生活が管理され、苦しむ声は多くなるばかりです。「助けてください」という悲鳴のようなメールもあり（あるときなど、今にも線路に飛びこもうかと思ったけれど、踏みとどまって電話をしたという連絡もありました）、そのつど若者たちに対応してきましたが、長期の休みの後半などの時期を利用してじっくり、丁寧に若者の声を聴いてみようと思いました。苦しみをだれとも共有できず、悩む若者からの声を聴き取ること自体が若者たちを支えることになるかもしれないと考えたからです。

　かつては一番近いところにいて、若者の戸惑い、苦しみ、嘆きを聴き、相談に乗ってくれていた職場の先輩が見つからないというのだから、職員室のなかの先輩たちもまた困難の中にいることがわかります。

　若い教師たちの困難の実感は、管理職による一方的で、一面的な指導にたいすることが第一ですが、自分たちより数年先輩の教師の「キツイ」指導にも強く感じると言います。ちょっと年上の先輩自身が厳しい指導を受けているうちに、その指導の負のスパイラルに自らも取り込まれ、年下の後輩に厳しく接していくようになります。「自分は厳しさをくぐってきたのだから、それに音を上げるおまえは甘い」のだそうです。

　ぼくは、若者たちをこの負のスパイラルから脱け出させるための支援をしたいと思います。しかし、そのときに上の世代が陥りがちなかつての自分の実践を成り立たせた状況や条件を問わず、指導観や指導法を押しつけようとすることに自制的でありたいと思います。そんな関わり方では若者の困難への共感はできないでしょう。「民主主義」を実感できない上から目線の「正義」を排します。

　ぼくの場合は退職と同時に、若者と対等で、即時的な新たな関わりのツールの必要性を感じました。そこで、パソコンメール、ブログ、フェイスブック、

ツイッター、ライン送信などを通じた交流をやみくもに始めました。もちろんこれらネットを使ったツールには危険も含む問題はあるのですが、可能性を追求することなしには時代への問題意識の共有はできません。もちろん直接に会って声を聞き取ることも大切にします。

　若い教師たちは、はじめから自由の無い（ように見える）ところで子どもたちと向き合い、そして苦しんでいます。現場を離れたぼくが若者たちの苦しみに共感することは、世代は違っても、時代を共に生きる仲間としての立ち位置からです。

　ぼくは、困難に見える学校現場であっても、教室に子どもがいて、自由を求める教師がいれば、そこにはかならず希望が実現できると確信しています。子ども存在そのものが希望だからです。管理の厳しいところでも一律管理ということはありません。自由と管理はまだら模様であり、まだら模様の中の自由を広げることを大事にします。自由を少しでも広げる側に立つときに希望は実感できます。そこで自由を求める人と人とのつながりをつくっていくこと、若者と友だちになり支援することがぼくの教育の民主主義の実践です。

5．時間を奪われている

　「若者の声」として聴き取りをしたのは30人ほどにもなります。大学生のときから知る人が大半でした。

　そのうち現場教員は20人。（本採用、臨採者）初任から採用5年目までの人。すでに退職した人2人。それに教師を目指す大学3、4年生10人。

　これだけの若者に会うこと自体が大変でした。メールや電話で会って話したいと連絡してもなしのつぶて。会いたくないのではありません。長時間勤務、休日出勤が広がっています。長期休暇中でも後半になると、もう"休みで

はない"状態になっているのが今の学校です。メール返信する余裕さえなくしているほど長期休みの後半は毎日出勤していました。現場の若者たちに会うために何度もコンタクトを取り、夜の時間や休日など遠隔地まで行くこともたびたびでした。まず若い教師たちとの接点を求めているうちに強く感じたのは「時間を奪われている」ということでした。

　初任の3人とも朝は6時ころには家を出て7時前には学校に着いていました。学校を出るのは連日21時過ぎ。学校には14時間以上もいることになります。朝食も、夕食も満足にとれてはいません。初任の実花さんの朝食は「毎日『レッドブル』（ドリンク剤）です」ということでした。

　他の若者たちもそうでしたが、土日の休日のどちらかは出勤している人がほとんど。実花さんにいたっては「夏休み前の7月は20日間休みなく出勤しました」といいます。元来細身の彼女がこの4月から5キロ体重が減っていました。同じ学校のもう一人の新任者は7キロ減だという。「朝学校に行くのがつらくて」というのは当然でしょう。

　なぜにそんなに学校に早朝から夜遅くまでいるのでしょうか。

　「やることが終わらないんです」というのは2年目のあゆみさん。新任だった去年はわからないことだらけのうえに「新任だから」という圧力が善意、悪意がないまぜになってかかってきたといいます。1年先輩からは着任早々「机ふき布の贈呈」がありました。「この学校では新任者は誰より早く来て、職員室の全員の机をふく」というのです。学校組織の体育部に入らなくても朝の校庭ライン引きに協力をすることにもなっていました。十数回の研究授業の度に詳細な指導案を求められます。それの手直しも数多い。

　新任のヨシトくんは新任研で教室を空けることの事前準備（後補充の先生に迷惑をかけないようにという指導がキツイ）、事後の対応（教室を空けるときに子どもたちのトラブルが必ず起き、保護者連絡、学年主任のキツイ指導）に振り回されています。40代半ばの学年主任からの指導（？）は「子どもたちがちゃんと掃除で

きないのは、普段からいい加減な指導してるからヨ。あなた、掃除したことあるの！　実家で掃除のしかた教わっておいで!!」と。時間を奪われるというのは、人権を奪われることです。この学年主任も子育ての中で忙しくすごし、イラつきが目の前の若者に向くのでしょう。

　「映画？　観てませんねえ。本？　手に取ってませんねえ」（ユウスケくん、2年目）、こういう声ばかりでした。「自分がやせ細っていくようで。教材研究とは名ばかり、指導書を見ているだけです」（ミチコさん、2年目）というのもほとんどの人に共通するものでした。

　時間が奪われることは自分を失くすことなのです。「いつしか空っぽになっていくようで怖い」（ユキさん、3年目）という不安を持つ日々がどの若者にもあります。

6.　人権侵害に対して鈍くなる

　2年目のミチコさんは、1年目に90日の病気休暇をとっています。初任の1学期から精神的な圧力に耐えられなくて精神科のクリニックを受診します。それ以来服薬しながらも勤務していましたが、暴力的なトラブルを起こす子への指導をめぐって保護者に怒鳴り込まれ、さらには管理職の叱責に耐えられず学校に行けなくなりました。

　職員室で怒鳴りつける教頭、指導と称しての校外での校長による呼び出し（ナント1回目はファミレスで、2回目は「リラックスしよう」とジャズバーに誘う。これはさすがに断った）、パワハラ、セクハラがまかり通ります。明らかな人権侵害に対して、若者たちは「指導」という名の下で泣き寝入りをします。

　管理職はどうなっているのでしょうか。「管理」するなら、適正な働き方や労働時間の管理こそ第一のはずです。教員「管理」と称しているものは教育的ではないし、明白な労働法違反です。

ある女性校長の話。1学期の納会の席でコップにビールをつぎに来た若い女性教員に対し「あなたは私が職集（朝の打ち合わせ時間）で話したときに、3回嫌な顔したわね」と。周りで聞いていた同僚も「酷すぎる」と憤りましたが、若者は「いいです、がまんしないともっと嫌なことされますから」と引っ込んだといいます。

　人権侵害は、管理職からだけではありません。管理職のパワハラは覚悟を決めれば闘いようもある、ぼくはそうアドバイスしています。

　「ちょっと年上の先輩がきついんです」といったのは、新任の年のことを語るエリ（5年目）さん、あゆみさん（2年目）、新任のミユキさん。3人とも「ご親切な」服装チェックを受けています。春めいた季節、黒っぽいリクルートスーツでは味気ない。淡い、明るい色のスーツを着たとたんちょっと先輩から一言。「そんなの着ていいの?!」。ぼくはつい思ってしまう。「じゃあ、大胆なミニでも着ろって言うんですか」と。

　新任研という場で外側からの統制が強化されるにつれて、いつしか若者もそれを内面化しています。ここは北の方にあるどこかの国ではないのですが。

　あゆみさんが19時過ぎ、仕事は残るけれど疲れているのですこし早めに帰ろうとすると「あら、もう帰るの？　新任研もずいぶん楽になったのね」。

　過重な新任研には批判もあり、ここのところ少しずつ回数が減っています。しかしちょっと年上の先輩たちはいいます。

　「私たちのころはもっと大変でもやってきたのよ」

　新任研の大変さをよく知っていれば、少しでも軽減したことをむしろ喜び、共感すべきなのですが、いじめられたものがいじめかえす心性がここに現われます。いじめの構造は根深い。

　新任時、あゆみさんは「しっかりした指導案を書け」と苦しめられました。彼女自身は「授業より指導案を」という指導が納得いかなかったのだけれど、先輩たちに言われるまま元校長の主催する勉強会に通わされることになりま

した。そこでは「余計なところに行ってるから、指導案も書けないのよ」という先輩の言に苦しみました。渡辺恵津子さん（大東文化大）がやっている学習会やぼくとの関わりを否定されたあゆみさんは、もうこんなにまでがまんする教師生活を辞めたいとハローワークにも行きました。

　苦しみもがく、ぎりぎりの日々のなかでかろうじてぼくに連絡をくれました。そのときに大学のゼミの先輩であるカズくんにも同席してもらい一緒に話を聞きました。

　カズくんは大学卒業時に民間会社に就職した経験を持つ若者です。カズくんは、過酷な仕事の中で暴力的な対応も受け、心と体を病みそうになって離職しました。その時思い出したのがぼくの教室に通っていたころの教師イメージでした。連絡してきた彼は激やせしており、疲れ切っていましたが、教室で1日過ごしてもらううちに元気になりました。子どもこそ元気のもとだと考えた彼は、臨採教師を経て正規の教員になりました。

　カズくんは自身の経験から心を病んでまで仕事を続けることはないとアドバイスしてくれました。

　「教師を辞めるというなら、そんな嫌な勉強会も行く必要ないし、先輩の嫌味も聞くことないだろ」

　そのことばでふっ切れたあゆみさんは「3月には教師を辞める」と内心で決意し、それからはできるだけ嫌なことは聞かない、見ないようにしたといいます。

　「そうしたら、子どもが一番大事だ、かわいいと思えました。子どもが好きだから教師になったはずなのにね」

　そして、この仕事を続けようと思い直しました。

　「今だから言いますが。あの時、私は危なかったんです。あるときふらーっと道路に飛び出したんです。幸い、車が私を避けてくれました」

　そのあゆみさんが書いています。

「つながり、考えつづけることを忘れない」
　今の私は、少し気を抜くと、自分の力でものを考えられないおとなになってしまっています。こうして、考えないおとなが考えない子どもをつくり上げてしまい、自分の頭で考えない人間が増えていくかもしれないことに、怖さを感じています。でも、これまで出会ってきた人たちのなかには、今の学校のあり方に私と同じように違和感を覚え、抗おうとしている仲間がいることも知っています。同じように考えている人がいるならば、何とかしてこの負の連鎖を断ち切る術を考えて行かなければならないと思います。こうして仲間とつながり、悩んだときに思い浮かべる人がいて、ときどき考えを共有することが、何度も折れそうになる私を支えてくれています。

（管野あゆみ『教育』2015年1月号特集「人間としての教師へ」より）

7.　同調圧力、厳しい指導に苦しむ

　新任教師だった実花さんは大学、そして大学院修士で内面性を重視する教育を学んできました。「竹内敏晴（からだとことばへの関心をレッスンとして実施した演出家）から多くを学んできました」といいます。
　皮肉なことに実花さんの勤務校のように内面性を軽視し、外在的な生活規律、授業規律だけを重視する学校が増えています。体育の集団行動の徹底、教室移動は教師が先頭に立ち、1列になって歩く。子どもたちのおしゃべりは禁止など「スタンダード」の徹底。
　そうした指導に疑問をもっているうえに新任で仕事の見通しも立たないのだから、実花さんが職場で求められることを徹底できるはずもありません。わずかにしゃべる子が出ると、それを主任にみとがめられ「30メートル手前

からやり直ししなさい」と命じられます。外面的な一致を求め、決まりごとを徹底するという指導はどうにも納得できないのですが、自分の揺らぎは子どもたちの行動に表れてしまい、落ち着かないクラス、担任の指導不足と非難されないために指導教諭に従わないわけにいかなくなります。

　彼女から聞いた図工作品にかかわる話は、あまりにも愚かしいものです。クラスの子どもたちが自由に描いた絵に実花さんをステキだと思いました。一人として同じではない作品、その子らしさとのびのびとし表現されている、彼女はこの絵を保護者たちにも見てもらいたいと思い、教室の後方に貼りだしました。するとそれを見た学年主任が怒鳴り込んできます。

　「なんという絵を貼ってるの。こんなにバラバラでそろってないと、私があなたを指導してないと思われるじゃないの」

　結果、保護者会前日に以前に描いた絵に貼り換えさせられました。「主任のクラスの絵はみんな同じ描き方でした。でも私のクラスの絵の方がコンクールで入選したんですよ」。

　実花さんの新任研の算数の授業後の教務主任の指導では、教材にかかわる話は一切なく、授業規律に関するものだけだったという話にも驚きました。授業内容などどうでもよくて、規律こそ第一だというわけです。

　「同じことをする」という同調圧力は他の若い人も苦しめています。経験が少ないから、先輩たちから教えてもらうことも多い。けれど、経験がないからといって自分なりに考えたことを頭から否定されることには違和感があると多くの若者が語ります。

　5年目のエリさんは、図工教材の学習の順序を入れ替えただけでベテランの主任から「俺の言うこと無視してるのか」とすごまれたといいます。

　「わけのわからぬ子どもの言うことなど聞かず、ボス猿になれ」こんな指導を受けた人が数人います。子どもに対しても、若い人に対しても人としての謙虚に接する姿勢を欠いた言葉が指導の名ではびこっています。

「涙も笑顔も子どもとともに」

　1年目の春、「あなたがクラスのボス猿にならないと！」「学生と社会人で求められる能力は違う！」「大学で学んだことは意味ない。教師は体育と図工と音楽ができなきゃ」と、さまざまな人から洗礼のように"ご指導"が入りました。命令や監視をしたくて教員になったわけではないと1学期中は悩む時期が続きました。私のそうした迷いは4年生の子どもたちにも伝わり、2学期にはクラスで物隠しが起こりました。

　物隠しが続くと、「どんな気持ちでその子はいるのだろう」「隠された人のフォローをしなくちゃ」「保護者にも説明しなくては」と頭の中はパニックになりました。そして、ある日、子どもたちの前で言葉が出なくなりました。「先生は本当に悲しいよ……」思わず、涙がこぼれました。(中略)

　「先生困ってる！　大変だ！」「仕方ない！　自分たちで何とかするか！」と思ったかもしれません。子どもたちが私を支えてくれている。そう思っただけでも、ぼろぼろの私にとって大きな力になりました。(中略)

　正直まだ職員室の空気には慣れません。でも、(子どもたちのいる)教室の中ではまだ生きていける、そして学級の外には分かち合える仲間がいると思っています。これからも子どもたちが「どきどきする」場にもっと立ち会いたい。

(成沢実花『教育』2015年4月号「毎日がチャレンジ！」より)

8．私が壊れるかもしれない

　希望をもって教師になったけれども、心身の調子を崩し、学校を去った二人の話も聞きました。

　ミナさんは両親が教師でした。それで小さいときから教師になろうと思っ

てきました。両親が教師であったことは学校の行事に来てもらえないという寂しさもあったけれど、小学5年生、6年生の担任だった30歳代の女性教師にあこがれたことが教師になりたいと思うことにつながったといいます。

　大学時代からサポート活動などを通じて現場の学校に関わってきたし、そこで出会った教師たちは面白い人が多く、臨採教師時代も職場の魅力的な実践をするベテランたちと出会い、いっそう教師の魅力にはまったといいます。

　本採用になってもっと熱中して実践に取り組みだしたのは、臨採時代の不完全燃焼の気分を一気に埋めるような気持ちからでした。学校に朝一番に出勤し、一番最後に帰る日々を続けていました。2年目、3年目と次第に体調の悪い日が増えるようになります。とうとう体に変調が生じ、病気休職に入ってしまいます。病休あけには復帰できるものだと思っていました。けれど体調は戻らず、とうとう離職したといいます。「自分のキャパシティ知って、欲張らなければよかった」。

　ヒロコさんとのぼくの出会いは、彼女が卒論で学級通信をとりあげたことから始まります。中部地方の大学生だった彼女は、ぼくの本『らぶれたあ』（かもがわ出版）を読み連絡をくれました。それ以来関東の自治体で教師になった後も時折の交流を続けてきました。彼女の赴任した小学校は全校の子ども30人の小規模校。"イノシシが出るから一斉下校"という牧歌的な学校は、若い教師にはあまりにも退屈だったし、相談する人もいなかったといいます。

　3年たって移動した学校は、大規模校。クラスの人数が34人ということで前任校の全校生を超えていました。毎日のことに戸惑うばかり、3年生の男の子たちに叩かれたりするありさま。子どもの指導や学校のあわただしさ、同僚の冷たさなども重なり、自分を失う不安の中で精神科のクリニックに通院します。服薬を続けながら学校には行っていたけれど、情緒不安で職員室で大泣きすることもあったといいます。

　「そのなかでも、さんに先生との出会い以来これだけはと思っていた学級

通信は毎日書き続けたんです」。なんとけなげな。「このまま続けていれば、私壊れるかもしれないと思った」ヒロコさんは、離職して実家に戻りました。

二人とも、「教師という仕事に失望はしていません」といいました。実際、ヒロコさんは地元の教育事務所に登録して現場のサポートをしたあと、地元の採用試験を受験して、再度教師の道を歩み始めました。ミナさんは、現場の友人たちに自分の経験を語りながら「無理しないで」と声をかけているといいます。

現場に残る人たちもこの二人とは何も変わらない、紙一重のところにいると強く感じます。

9. 希望のありかはどこに

つらい、苦しい話が多すぎます。希望はないのでしょうか。

古都さんのことを紹介しましょう。小学校のときに出会った明らかに周りの先生とは違う"異色"の男の担任の先生は楽しいことをたくさん計画してくれました。漠然とした憧れ。「子どもが大スキ」だった古都さんは大学の法学部から教育学部に転部しています。付属小の授業参観や公立小での障がい児へのサポートも続けました。

「現場を見ない人にはなりたくない」という古都さん声に大学のゼミのF先生は「この教室に行ったら。みんなはこれまでの教師イメージにショックを受けるかもしれないけれど……」といわれて訪問したのがぼくとの出会いでした。

新任の年、3年生の担任だった彼女は50歳代のベテラン学年主任と二人で学年を組みました。指導教諭も兼ねていました。

慣れない彼女を待っていたのは学年主任の理不尽ないじめでした。子どもたちの目の前でことごとく叱られたと言います。子どもたちの立ち方、座り方、

並び方などから始まって気分次第で何でも怒鳴られる材料にされました。自分のいないところで、同僚にも子どもにも悪口を言っていたことも後々知りました。

　じっと我慢の（陰でひとり泣く）日々でした。しかし、12月になってとうとう見かねていた職場の50歳代、40歳代の4人のベテラン教師たちが古都さんを守るために立ち上がってくれます。職場の若者たちは愚痴ばかりだし、管理職は見て見ぬふり。4人は管理職に掛け合い、指導教諭を替える、職員室内の席を学年主任から離す、直接話さないように筆談を認めさせるという対応をとらせます。翌年からこのメンバーが古都さんと同じ学年を組み、彼女を守りながら実践をともにつくっていきます。

　「今はすごく楽しくて、子どももかわいいんです」と本来の笑顔で語ります。

「おとな」で悩むことの苦しさ

　4月、ガチガチに緊張したまま教員生活をスタートしました。3年生の子どもたちはとてもかわいいけれど、想定外のこともたくさん起き、あたふたしてばかり。保護者とのやり取りも、一つひとつ緊張しっぱなしでした。書類仕事にも追いつけず、よく分からない名簿や計画書などの作成をしているうちに、あっという間に夜8時を過ぎていました。

　そのような状態なので、当然のように授業準備、教材研究はどんどん後回しになりました。毎日全教科の赤本や指導書を持ち帰るのですが、家に着くと疲れがどっと出てそれらを開くことすらできず、朝の電車の中で指導書のコピーを必死で読むこともしばしばありました。

　でも、わたしはそれらのことを大変だとは思っても嫌だ、困ったとは思っていませんでした。教師として働くと決めたとき、「子どもたちのために全力を尽くそう」「保護者と力を合わせよう」と決意していたからです。忙しくはあっても、これがあの子たちの笑顔につながると思えば頑張

れる。むしろその忙しさが、教師になった実感に繋がっていたのかもしれません。

　しかし、実際には、そのわたしの覚悟を超える現実がありました。「子ども」でも「保護者」でもなく「おとな」、同じ職場で働く「指導教諭」との関係に苦しんだのです。

　学年主任がわたしの指導教諭でした。指導教諭から発せられる言葉は、とにかく否定でした。「あなたは話し方がおかしい」「立ち方がダメ」「休み時間に子どもと遊ぶな」。後には「実習生以下だ」「子どもの前に立つ資格がない」「子どもがどんどんダメになっている」と言われたこともあります。

　子どもたちの前で怒られることもしばしばありました。運動会練習中には、笛の吹き方がなっていないと、何度も何度も練習させられました。朝、教室で1人仕事をしているときに怒鳴り込まれ、その様子を登校してきた子どもたちが不安そうに見ていたことも幾度となくありました。

　これは後から分かったことですが、子どもたちに対してもわたしのいないところで「こんなことも教えてもらっていないの。あなたたちの先生はダメだね。あなたたちは不幸だ」などと言っていたそうです。その内容は授業内容などではなく、学年間の伝達事項をわたしが教えてもらえていなかっただけだったのですが…。

　次々と浴びせられる否定の言葉に、わたしはなんてダメなんだと毎日落ち込み、毎晩泣きました。当然のように体調も崩しました。1か月を終える頃には、指導教諭の顔を見ることはおろか、隣に座ることすらも恐怖を覚えるようになっていました。

　しかし、そんなわたしを救ってくれたのも職場の先輩たちでした。なかでもベテランの4人の先生がわたしの状況にいち早く気づき、タッグを組んでたたかってくださったのです。管理職と粘り強く交渉し、最終的には

職員室の席替えや2人きりで話すことができないようにする約束などが決められました。指導教諭も4人の中の1人の方が担ってくださることになり、子どものこと、授業のことなどなんでも相談できるようになりました。そしてなんとか初任の1年を終えることができたのです。
　2年目、3年目は4人の中の別の方と組み、多くのことを学びながら、多くのことに挑戦する機会をいただき、非常に充実した日々を過ごしました。

(高梨古都『教育』2015年1月号特集「人間としての教師へ」より)

　若者たちはどの人も「子どもはかわいい」といいます。子どもの存在そのものが希望だ、というのは教師の仕事の本質だとぼくも思います。けれど、その思いだけでは現場の過酷さには立ち向かえません。長時間勤務、理不尽な指導は「子どもはかわいい」という思いを利用して実体化するからです。
　ぼくが話を聴いた多くの若者の弱点として感じたことをあえて挙げれば、自らの権利意識の希薄さです。自らの受けている過酷さに声をあげず、「子どもがかわいい」というだけでは抗えないでしょう。今や学校は「ブラック企業」並みの場所です。それとの抗い方にはしたたかさが必要です。古都さんを守ってくれた人たちがいたように、自らを守る人たち側に身を寄せることが必要です。
　このことは若い人自身の課題と突き放していいことではありません。先輩世代が権利として獲得してきたことを、今日的にどう継承するかということです。教職員組合の活動が若い人たちに受け入れられにくいことを嘆くばかりでは仕方ありません。
　若い教師や学生対象の「せんせいのがっこ」実践などによって教育そのものについて若者に働きかけていく各地の取り組みは充実してきています。とすればこの学びのなかに人としての権利そのものを位置づけた労働の在り方

の学びも必要でしょう。ぼくが関わる若者の中に組合にもかかわり、自主的研究サークルに通う人が増えてきました。これからは世代を超えたつながりをつくることがカギでしょう。

　ぼくは大学で若い人たちの教育に関わってもいます。これまでは「教育問題」中心の語り合いを重視してきましたが、これからは若者自身の権利や働き方にも目を向けたいと思います。

　あゆみさんの苦しみに対応したカズくんのように、他者の困難に寄り添おうとする若者がいます。カズくんは教職員組合にもサークルにも関わっています。

　学生のクミさん、マサトくんたちは自らの教師イメージを確かなものとするために現場教師の先輩たちとつながろうと交流を持っているし、「学びをつくる会」やぼくのブログ(『さんにゴリラのらぶれたあ』)を通じて困難な若者たちのことを知った人たちが集って語り合ったりしています。古都さんもそうでした。

　これらはまだまだ小さなつながりだけれど、若い人たちの動きは確かなものであり、希望につながる動きだと考えています。困難な学校現場では、本来必要なユーモアとペーソスという温かみあふれる物語を生み出すまでには至ってはいないけれど、余りにも愚かすぎてギャグ的現実といわねばならない状況に抵抗する芽を感じます。

　たとえささやかで小さな動きでも、ぼくはそれを支えることを大事にします。「管理＝困難」と「自由＝希望」はまだら模様。「管理＝困難」一色に染まってはいないのだから、「自由＝希望」をしたたかに、しなやかに少しでも広げることに力を尽くしたいと思います。

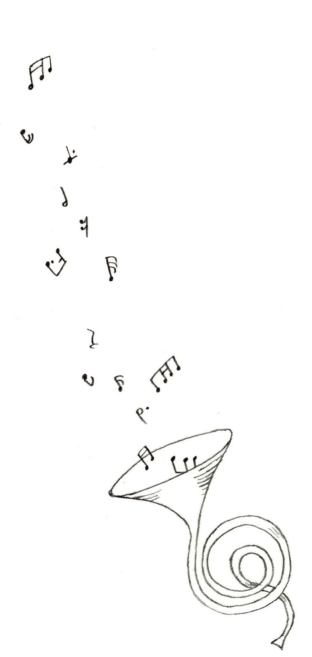

若手教師たちの今を聴き、希望を考える

私の「教育の民主主義」づくり実践

佐藤 博（元公立中学校教諭・法政大学非常勤講師）

1. 子どもへの愛おしさが出発点

　かつて人びとの期待を集めた民主主義がいつのまにか色あせ、かけがえのない平和や人権も民主主義制度の下で脅かされる時代になっています。未来を生きる子どもと、未来をつくる教育にとって、民主主義とは何でしょうか。教育学者の宗像誠也さんは戦後の転換期に『私の教育宣言』（岩波新書、1958年）で「教育とは人間の尊厳を打ち立てること」と記したことがあります。教師であることが困難の多い時代になっていますが、私たちはいつも「教育の本質」を問い、教育のことばとまなざしを磨きつづけたいと願います。そして、全国の学校現場には、教育に民主主義と希望を求めて、子どもとともに歩みつづける数多くの教師たちがいます。教育科学研究会の機関誌『教育』に寄せられたエッセイや実践記録から選んで、「教育の民主主義」を考えあいたいと思います。

> **さよならの後で**　　　**山﨑隆夫**（東京・元公立小学校）
> 　きょうは水曜日。職員会議が2時から予定されています。帰りの会のあと、2年生の子どもたちに言いました。「教室で遊んでいたらだめだからね。まっすぐに帰るんですよ」。
> 　子どもたちがみんなランドセルを背負い教室を出るのを確認して、私

は教員室に行きました。会議5分前です。ふと何かが気になりました。「だれか、教室にまだ残っているかもしれない。事故があったら大変だからな……」。私は、『ロの字型』の校舎の反対側にある自分の教室へと小走りに向かいました。

　ドアをガラリと開けると「コトリ！」と小さな音がしました。「おや、だれかいるのかな」。しかし、辺りを見回しても子どもの姿はありません。サヨナラをした時のままの教室風景です。聞きまちがいかなと思って部屋を出ようとした時です。クスクスっという笑い声が聞こえてきました。机の下に2人の子どもが背中を丸めて隠れていました。

　「こらっ！　出てきなさい。帰りなさいって言ったでしょう！」

　私は、約束がきちんと守られないことに少し腹をたて、強い口調で言いました。

　そのとき、机の下から顔を出してきたのは薫君と恭子さんでした。私はびっくりしました。だってこの2人はふだん、まるで存在を消すかのように静かに静かに過ごしている2人でしたから……。薫君は友だちに、「ねえ、どう思う」と尋ねられるだけで涙ぐみ、何も言えなくなる少年でした。

　「君たちだったのか！　何をしていたんだい？」

　すると2人は、私が怖い顔をしているのにもかかわらずニコニコ笑いながら言いました。

　「先生を驚かそうと思って隠れていたんだよ！」「……！」

　私は思わず言葉を失い2人を見つめました。大きく深呼吸をして、居丈高になった自分を恥じながら2人に話しかけました。「そうだったのか。でもね……、さっきお話したでしょ。これから先生たちの会議があるの。教室に子どもが残っていてはいけないんだよ」。「うん、わかった。じゃあ帰るね」。「気をつけて帰るんだよ」。

　校内には、職員会議始まりを急ぐ放送が流れています。私は気が急い

ていました。ところが、2人の会話はそれだけでは終わりませんでした。

「先生、帰りに何かしてくれないの!」。「えっ、何かって?」。「ほら、くすぐるとかさ、握手とかさ、いつもしてくれるじゃん」。「そうだね。じゃあやるか」。2人のうれしそうな顔。帰りのおまじないが終わって私が席を立とうとすると、薫君が再び言いました。

「先生は、なんで先生になったの?」「……!」

「それはね、薫君に会いたかったからだよ」。「へえ、オレがこの学校にいるのを知っていたの?」。「うん、そうだよ」。

私は、2人がもうかわいくてたまらなくなりました。玄関で校門に駆けていく2人を見送りました。教員室に向かう廊下を歩きながら私は思いました。

「子どもたちから素敵なプレゼントをもらった。学校は何を最も大切にすべきかを、あらためて気づかせてもらったな。ぼくは、この子どもたちの愛おしさに支えられて教師をやりつづけてきたんだ。学校に流れる時間は、そこに生きる子どもと教職員を、決められた制度や枠組みの中に位置づけるようにできている。しかし、それは『子どもが輝いて生きる時間』が大切にされ、そこにつねに開かれ、柔軟な対応ができてこそ意味があるのだ」と。

私は、固い枠組みにとらえられていたこの日の自分を恥じながら、何だかうれしい気持ちで教員室に駆け込みました。司会が席を立ち、会議がちょうど始まる時間でした。

(『教育』2014年8月号所収)

　東京の小学校のベテラン教師だった山﨑さんの文章から漂ってくるのは、子どもへの愛おしさでしょう。このエッセイは教育科学研究会が呼びかけた「私の『教育の民主主義宣言』を」に応えて寄せられたものです。

民主主義は人びとが共同の力で自らを治める政治制度や思想でもありますが、その最大の拠りどころは人間への敬意と信頼にちがいありません。教育の民主主義にとっても、子どもという存在へのあたたかい思いこそが何よりの前提であることを山﨑さんのまなざしは思い出させてくれます。子どもはだれでも愛されたい、認められたいと願っていること、自分の存在を見出してほしいと希んでいることを、山﨑さんの放課後の教室の子どもたちが伝えています。

　学校には多くの規則があり、守るべき枠組みが定められています。規律や秩序が優先する評価の視線に多くの教師たちが縛られています。それでも、学校は何のためにあるのか、教育はだれのために、何を大切におこなわなければならないか、その目的を見失わずに問いつづけることを教育の民主主義を考える出発点にしたいと願います。

2.　いつかきっと、子どもは自分で変わる

　政治の民主主義が他者への不信や無関心から色あせて劣化していくように、教育の民主主義も子どもを信じることができなければ、成り立つことはできないでしょう。

　そうしたあふれる思いで教室に向かっても、目の前の子どもはしばしば不作法で、思いがけず残酷で、教師を苦しめます。とりわけ若い教師にとっては、子どもとの関係に悩み抜くことが少なくありません。それでもなお、どうすれば子どもを愛し、信じることができるのでしょうか。

　　　　裕太の右ストレート　　　　横田 海（岩手・公立小学校）
　　　●**教師失格**
　　　　「お前なんか教師失格だ」

昨年の4月。夢にまで見た教壇に立って、2日目。私は裕太に言われた。よく響く大きな声だった。1年半以上たったいまでも、あの瞬間は鮮明に思い出すことができる。

　そこからは地獄の日々だった。私の指示は、大きな声で遮られた。座れと言うと、机の上に座った。私が触ったものは、汚いと言って遠ざけた。私が近づくと、目を三角にして、罵られた。裕太だけでなく、クラス全員が揺れていた。震度6ぐらい。

　それから1年。裕太は変わった。クラスも変わった。というより、子どもたちが根負けしたのだと思う。いつのまにか、裕太に「先生」と呼ばれるようになった。ある日突然、「ねぇねぇ」と服を引っ張られた。おとなは現象の理由を探すけど、子どもはそうではない。だから、私と裕太がいま休戦しているのも、きっと理由なんてない。

●**俺が悪い。俺が全部悪い。**

　そんな裕太がこのあいだ、久しぶりに仲間に手をあげた。空手有段者の強烈な右ストレートが相手の男子の左頬を直撃した。しかも、私の目の前で。

「保健室に行きなさい」

　殴られた信吾に言った。

「いやだ」

　なんとか、周りの子どもたちに信吾を保健室に連れて行かせて、私は裕太と話をした。

「6年生になって、暴力なんかしなくなっていたよね。そんな裕太がパンチするなんて、先生信じられないんだけど、それぐらい腹が立つことがあったの」

「あいつが調子のった言い方をするから。むかついて、殴った。むかつ

いたんだもん。だから、殴った」
　3年生のときに転校してきた信吾は、いつも虚勢を張って周りと接していたそうだ。いつも偉そうで、いばっていたらしい。そんな信吾を裕太は大嫌いだった。でもそれは去年までの話。信吾は5年生の1年間で変わった。本来の優しい信吾の部分が周りにも受け入れられるようになった。そんな周りの様子を見て裕太も、信吾のことを認め始めていたのだ。その矢先の出来事だったので、私はますます不思議だった。
「じゃあさ、ここが許せなかったんだよって信吾くんに言いに行こうよ」
　裕太は黙って私の後をついてきた。口はひん曲がっているけど、なぜか目は三角ではない。
　保健室につくと、保健の先生も首をかしげていた。私と口のひん曲がった裕太を見て、納得したように保健の先生は去っていった。
「信吾くん、なぜ裕太くんがあなたを殴ったかわかる？」
「わかる。俺が悪い。俺が全部悪い」
　信吾が泣き出したのを見て、裕太も泣き始めた。
「信吾、殴ってごめん」
　6年生の男子2人が、保健室で泣きじゃくった。2人のあいだに流れている時間がものすごく尊い宝物のような気がした。おとなである私の言葉は無意味だった。必要がなかった。

● **俺、信吾のこと嫌いだった**
　これはあとから聞いた話だが、殴られた信吾は保健の先生に、殴った相手の名前を絶対に言わなかったらしい。何を聞かれても、黙っていた。
　この話を裕太に直接伝えると、裕太は泣きながら話し始めた。
「俺、信吾のこと嫌いだった。でも、あいつが変わった。いいやつになったんだよ。だから、いまは嫌いじゃない。でも、あのとき俺に注意した言

い方が、ほんとにいやだった。前の信吾だった。だから、かーっとなって。お前はいま、そうじゃないだろって」

　子どもにしかわからないことがある。子ども同士にだけ流れる時間がある。言葉の重さがある。こんなに私は子どものそばにいるのに、子どもにはなれない。そこに気づいた瞬間が、いちばん子どもの近くにいるような気がする。

(『教育』2014年11月号所収)

　『教育』には、毎月、新採まもない若い教師たちによる「毎日がチャレンジ」という短い手記が連載されています。岩手県の教師になって2年目の女性教師、横田さんの文章には教師になった最初の日々の息苦しいほどの子どもとの格闘とともに、瑞々しいばかりの「子どもの発見」が綴られています。

　教師にとって、自分を慕い、なついてくれる子ども愛し、信じることはたやすいことです。教師が教師であることを問われるのは、自分を拒否したり、反抗する子どもへの対応をめぐってです。子どもには子どもの時間があり、自分のそばに立ち、自分を見出し、わかってくれる人さえいれば、子どもは内面から変化し、自分で成長するということを横田さんは裕太によって教えられます。　子どもへの信頼とは、子どもはいつか変わること、子どもは自分で育つことへの信頼であり、それが民主主義の教育観であることを私たちも若い横田さんから学ぶことができます。

3．みんながいるから伸びていく

　学校は子どもにも、教師にも、緊張を強いる場所になっています。子どもは「間違えないために、親や先生に怒られないために、友だちから外されないために」いつも気を配り、教師もまた「一律の成果を求められ、いつもだれかに

見張られている」かのように過密な時間を過ごしています。危機に立つ「学校の自由」は教育の民主主義にとって欠かせないテーマであり、教室でも、職員室でも、型や枠にとらわれない自由の価値を確かめ、子どもも教師も「みんなとともにある」よろこびを求めつづけたいものです。

「子どもといっしょにいること」だけは譲れない
山口貴子（東京・公立小学校）

● 「小さな感動」を宝にして

　年末、一通のはがきが届いた。

　「お元気でいらっしゃいますか？　いまユウジは蔵前工業高校への入学を目指しがんばっています。先日、『集中するってこんな感覚なんだ、授業内容の意味が初めて僕にもわかった』とユウジが言っておりました。前向きに決断した投薬の成果です。どんな時も『今のユウジくんを受けとめていきましょう』と先生は言われていましたね。お互い苦しみましたね。親子で話し合って、先日ついに通院しました。ユウジにとって、私にとって先生との時間は大切でした。多謝」

　7年前に転校したユウジくんの近況だった。何度も何度も読み返した。一気にエネルギーが補給されていくのがわかる。そして「また明日も楽しめそう」と、いま担任する6年生の子どもたちの顔が思い浮かぶのだ。

　通常学級の担任として2年目を過ごしている。昨年が順風満帆にいき、持ち上がりの担任になったわけではない。教材研究がしたくても例年増えつづける事務作業に追われ「何かおかしい」と感じつつ、子どもの内に秘めた思いに気づき、保護者からの辛らつな言葉に胸を痛め、ひたすら忙しい日々、というのが通常学級1年目の私が歩んだ道だった。これまでも、前年も、本当にたくさんのことがあった。そこにはいつも、子どもと

保護者と私の姿があった。

　2011年、31名の子どもたちと出会った。「この人、どんな人だろう？」と期待と不安が入り交じった目で子どもたちに見られた日を忘れられない。「困ったなぁ。いままでより子どもの人数が多いなぁ」と私はどきどきしつつもちょっぴりわくわくしていた。不安だけではなかったのは、2009年に、都内の区立小学校に通級指導学級（情緒障害）の担任として、教師の仕事に就いていたことにあるだろう。そこで感情表現が難しく対人関係がスムーズに成立しなかったり、情緒面の困難に苦しみ自分自身にまったく自信をもてなかったりする子どもたちと出会った。このような子どもたちをまるごと受けとめていくことの苦悩を、「教師を責める」という形で現してくる保護者にも出会った。それでもここでの出会いは私にとって刺激的であり新鮮な日々だった。

　来る日も来る日も、「どうしたら自信をもてるのだろう」と子どもに寄り添いつづけた。ある時は、ほんの20センチしかない高さのゴムを、小学校4年生の女の子に跳んでもらいたい一心で何日もかけて一緒に練習した。またいでも跳び越せるような高さのゴムを女の子が跳んだときうれしさがこみ上げた。子どものがんばりを励まし、よさを見つけながら仕事をすることに私は幸せを見出した。保護者との関係も同様だった。日々の面談ではとにかく子どもたちの「いいとこさがし」に徹して保護者に伝えた。余裕がなく、どことなくいらだって見える保護者にあきれられるほど子どもたちをほめた。小さな「できた」にこだわり、それ以上にできるまでの努力を認め合う保護者との時間は、いつの間にか子どもたちだけでなく保護者までもが自信や心の余裕を取り戻していくかのようだった。

　いま、通常学級で子どもたちと過ごしているが、通級での日々を思い出すことも少なくない。とくに、子どもたちと何らかの不協和音が生じると、ふと通級での「小さな感動」を喜んでいた気持ちを思い出したりしている。

● またお会いしましたね、「ユウ君」

　5年生の子どもたちは、元気でおしゃべりが大好きだった。授業中も友だちの発言に、すぐ反応を示しクラスのみんなで話が盛り上がることもある一方、話題が脱線して授業が収拾つかなくなることもたびたびあった。管理職は折に触れ、「大丈夫かしら？」と、私への心配を現してきた。しかし、あせりはなかった。子どもたちが集まれば話し声が絶えず、すぐにふざけて、騒がしくなって、たまに私が「そろそろ静かにして！」と大きい声をあげるというような「当たり前」といえる毎日が楽しかったからだ。

　それでも、コウタのことは気がかりだった。4月にコウタに出会って1週間が過ぎる頃には「優等生」と心の中で名づけていた。コウタは、遊びも勉強も積極的で友だちへも気配りができ一見何の心配にもおよばない男の子だった。私はそんなコウタに違和感をもった。クラスで過ごすうちに、無理をすることが当たり前になっているコウタを知った。コウタが恐れていることは「失敗」だった。

　かつて通級の担任をしているときに出会ったユウ君のことを思い出した。通級1回目から、「間違い」「できない」ことへの不安から、泣き叫び、自分自身を傷つけた。「ぼくを助けて」と体全体で表現しているようだった。

　2回目の通級のとき、私はユウ君とのやりとりのなかでこう言われた。「信じられない。わからないとか、先生が言っていいの？　先生はいいかげんだよ。ぼくのことだからどうでもいいと思っているの？　この前パニックになったとき、一緒にいてくれたからいい人だと思ったのに。ぼくは、わからないって言えないよ。だから、間違えたくないって思って、勉強は全部したくないんだよ。」

　ユウ君は、私が彼の質問に「間違えないために、親や教師に怒られないために」という返答をしなかったことへいらだちと驚きを表したのだった。ユウ君の育った環境や子どもの気持ちを掘り下げて受けとめきれていな

かった保護者のかかわりがユウ君の困難さを導いた面は否めなかったが、ユウ君の様子は保護者の苦悩をも物語っていた。ただ、通級での様子を在籍校に伝えたときの担任の先生の返答は衝撃的だった。「ユウ君は静かだし、指示通りに動けているから、特にクラスで迷惑かけたりしていませんよ。安心してください。学力は低いけど、宿題は出ているし毎日登校しているから、特に心配はしていませんよ」。ユウ君が、通常学級の中でだれにも自分の心の叫びを伝えられず、居場所を見いだせないまま過ごしていることを痛いほど知った。

　通常学級の担任になった私には、ユウ君とコウタの二人が育つ環境や、表現のちがいはありつつも自分をさらけだすことへの恐れを抱いていることが重なって見えた。だからこそ、優等生のコウタを「心配がない」とは到底思えなかった。

●コウタ、肩の力を抜いてごらん

　コウタはなにごとにも復習と予習を欠かさなかった。100メートル走のタイムを計ると予告した日には、帰宅後自分でタイムを計りおおよその予測を立ててくる。遊び係として、クラス遊びのグループ分けは前日から行い、自分より運動神経の良い友達が分散するように組んでいく。表面的な積極性や自信を彼は一生懸命つくり出していたのである。

　つねに元気な立ち振る舞いは、実は「緊張」しながら過ごしているコウタだったのだ。「コウタ、肩の力をぬいてごらん」と声をかけたかった。同時に、コウタの自尊心を傷つけその状態を私が受けとめていけるのかという迷いと自信のなさから、ただ、コウタを見守るという形で数か月を過ごした。

　ある日の体育の時間だった。走り幅跳びの授業で、踏み切るタイミングがつかめない子どもが何人かいた。コウタもその中の一人だった。コウ

タは、踏み切る姿勢にもならないまま砂場を走り抜け列に戻っていた。心配になりながらも声をかけきれずにいたとき、コウタがスタートラインに立った。全力で走り、タイミングが合わないまま派手に尻もちをついて着地した。「あっ」私とコウタはすぐに目が合った。「ゲゲッ」と思ったと同時に「ギャハハハハ」と笑い声がその場を包み込んだのだ。コウタが笑っていた。コウタの姿を見てまわりの友だちが「何そのかっこう!!」と大声で笑っていた。「タイミングを合わせるの難しいねぇ」と遠慮なく私も笑った。

　コウタの本心は泣きたいくらい恥ずかしかったのではないだろうか。もしかしたら、また「無理」をして笑ったのかもしれない。けれども「失敗」するかもしれないと予測できることにあえて挑んだコウタに「コウタ君、すごいじゃない」と私は声をかけずにはいられなかった。お尻についた砂を払いながらコウタはちょっぴりきまりが悪そうに、でも、向かう足は堂々とまた列に戻っていった。大胆な「失敗」は、コウタをだんだんと柔らかくしていった。

● **31人で考えていく**
　ニコニコというよりニヤニヤ、笑顔というより含み笑いのような表情を浮かべる子どもたちがじーっと校長先生を見ていた。担任が私だと発表されると同時に子どもたちと目が合った。「ドヒャー」「ヤッター」「マジで!?」といった少しだけのざわめきが心地よかった。同じ子どもたちと過ごす2年目がスタートした。

　「今週のつぶやき」という短い日記のような活動を通し、そこに綴る子どもの思いに、私の思いを「RE:つぶやき」として綴り、やりとりしている。

　6年生になってすぐ、委員会を決めたときのことだ。全員が決まったあとで、リョウヘイが飼育委員会にはなれないと言い出した。そのことにケンジはつぶやきの中でこう書いてきた。

私の「教育の民主主義」づくり実践

◇ケンジの「今週のつぶやき」より
4／8〜4／14
今週の水曜日に委員会のことで嫌なことがあった。リョウヘイが飼育委員会をできないと言って、今度クラスで話し合うことになった。みんなで決めたことで、なりたくない委員会に入った人は他にもいるのに、リョウヘイだけ今さらできないっていうのは納得いかない。話し合う必要はないと思うし先生の提案した話し合いに反対です。

RE：つぶやき
正直な気持ちを書いてくれてありがとう。そういうふうに思うケンジくんの考えに「その通りだな」と思う部分が私にもあります。ぜひ、話し合いのとき、つぶやきに書いていることを皆に伝えてみてください。

　リョウヘイは、困ったことが起こるとだんまりを決めこみ、床に伏せってしまう。得意なことへの才能が秀でている分、苦手なことや都合が悪い場面での内面の未発達さが際立ち、そのアンバランスさに彼自身がとまどいを態度で表すことも少なくない。このような状態になったら、リョウヘイと冷静な話し合いは成り立たない。そのことは、クラスの子どもたちもこれまでの生活を通し味わってきている。
　アレルギーのため飼育委員にはなれないと保護者に書いてもらった連絡帳が、翌日、私の机の上に黙って置いてあった。リョウヘイの行為が「遅出しじゃんけん」のように見えた。そんな教師らしくない気持ちを抱きつつ、一方で、このような表現で困難な状況を伝えてくるリョウヘイについてクラスの中で考えていきたいとも思った。理屈が成り立たないとき、ちょっとずるいと思えるけれど相手が困っているとき、そんなときにどのようにクラスの子どもたちは結論を出すのか一緒に見届ける必要があると考えた。

◇ケンジの「今週のつぶやき」より
4／15〜4／21
リョウヘイの委員会のことで話し合いがあった。動物アレルギーだから飼育委員ができないっていうリョウヘイの理由にぼくは納得いかなかった。みんなで委員会を決める前に話しておかなくてはいけないことなのに、そんな説明はリョウヘイからなかった。

それなのに、ちがう委員会にかえてあげるための話し合いって変だと思った。でも、話し合いの前に先生が話した。聞きたくなかったけど、「公平じゃない部分があるのは私もわかる。でも、リョウヘイくんはみんなが反発するってわかっていながら、それでもどうしようもないくらい困っているんだろうね。だとしたら、納得がいかなくても助けてあげたり、許してあげたりする気持ちがあってもいい気がするよ。みんなそのあたりを考えてみてよ」と言ったところは聞いてしまった。

でも、ぼくは結局変わってあげなかった。変わってあげたアイさんは、嫌な顔をしていなくてすごいと思った。「みんながこんなに真剣に話し合ってくれたことを忘れないでね。」とリョウヘイに先生が言うと、リョウヘイは泣いていた。ぼくは、何かスッとしてでもリョウヘイが少しかわいそうになった。

RE：つぶやき
話し合いでも、自分の気持ちを伝えていていいなぁと思っていました。聞きたくなかった私の話をよ〜く聞いていたこと、アイさんにすごいと思ったこと、リョウヘイくんが少しかわいそうになったのはどうしてだろう。きっとケンジくんが友だちのことを一生懸命考えたから、いろんな気持ちを味わったんだろうね。

ケンジとリョウヘイ、そしてクラス全体がお互いの気持ちを伝え合い、個人の不安や不満をみんなで共有していった。私はというと、予想をはるかに超える真剣さでクラスの仲間について語り合う子どもたちを「教師が語らない話し合いっていいなぁ」と思いながら、漢字ノートにいつもより大きい花丸をつけていた。

●押しつぶされそうになるけれど……
　「Ｂっていうのは『概ねできている』ってことなんだよ、基準がわかってる？だって、先生のクラス、下敷きを何人かノートにはさんでいなかったし、発表するとき椅子を机に入れないまま、発言している子が多かったよ」
　自己申告書にともなう管理職との面接で、いただいた言葉である。
　「はぁ……、じゃＡ（高度に達成している）と書き直して再提出しますね」と私が言うと、管理職の失笑を買うのである。ただ、その場の雰囲気は多少なりとも和む。それが私の目的だ。「ありがたいご指導」は笑いなくして聞けたものではない。
　「最高学年の自覚を常々先生の発言から子どもたちにもたせていかないと」
　「児童との対話が多い。先生の統率力に欠けた授業だ」
　こんな言葉もこれまでにはもらった。そのたびに「どうしてかなぁ。私が引っぱるの？　がんばらせるの？」と釈然としないものを覚えた。
　私と一緒に着任した教師が、２人辞めた。病休に入った教師もいる。教師に自己選択、自己決定が認められず、これから育っていく教師や子どもを見る目はあまりにも鷹揚(おうよう)さに欠け、いつもだれかに見張られているようだ。学校現場の表面的な健やかさを保つために、子どもの居場所が運営されている。こんなおかしな場所で働く私たちは、もう表面的にでさえ「元気」でいられなくなってくるのだ。

だれも「幸せ」を得られないこの循環に、何とか気概だけは持ちつづけたいと踏ばっている。
　先日、「学びのWA」という教師が語り合うサークルに参加した。何を語ってもいい、弱さをさらけ出してもいい、そんな活動の中で参加者が笑顔や温かいことばを通わせる。自分を大切にするひとときが味わいたくて私は参加している。参加者の中にクラスの状況を話すうちに涙声になる教師がいた。自分の力不足を嘆いていた。ひとごととは思えなかった。そして、自分のクラスについて涙するほど心悩ませるこの姿こそ「情熱ある教師」なのだと、正しいものを目にした思いだった。

● 私も「負けてられない」
　子ども達から学ぶこと、元気づけられることもたびたびある。1月下旬、子ども達を下校させ私もクラスを後にした。クラスの下駄箱の前を通ると、4人の女子が残っていた。「何してるの？」と声をかけると、「こうするときれいかなぁと思って」と見つかったことがちょっと恥ずかしそうに、駆け足で帰って行った。上履きが、気持ちよさそうに並んでいた。時を同じくして、国語の学習で「自分を見つめなおして」という単元に入った。卒業文集を制作する前でもあったので、それぞれが振り返り、いま自分の心の中にあることを書いてみようということにした。「いつもつぶやきに書いてんじゃん」とこの学習に面倒そうに取り組む子も中にはいたが、書き始めると鉛筆を走らせる音だけが聞こえてきた。
　キホがこんな文章を書いてきた。

「負けてられない」
　この前学校から帰るとき、いつもと違う下駄箱を通ったら、上履きを並べている子がいた。5年生だった。私は、走って自分の下駄箱にもどって

> 上履きを並べた。だまって並べていたら、サツキとカナとサトミもきて手伝ってくれた。悔しくて、どうして上履きを並べているのかサツキたちに5分くらい言えなかった。私たちは、もうすぐ卒業する。5年生のほうが私たちより学校のみんなのためになることをしていて、ショックだった。「負けてられない」と思った。（後略）

　キホの作文に私は胸が熱くなった。さっそく、クラスのみんなに読んだ。しんとして聞いていた。読み終わった後、子どもたちをただただ見つめた。お調子者のシンゴが、「今日はいつもより校庭の落ち葉拾い、がんばっちゃおうかな〜」としたり顔で言った。どっとみんなで笑った。
　こういう瞬間がたまらない。子どもと私がしっくりとつながっていくようだ。やっぱりこれでいいんだと、「最高学年の自覚」を説かないでいた自分を認めてあげるのだ。
　この2年間、私が譲らなかったことといえば「子どもといっしょにいること」だった。卒業までの残り31日も同じだろう。不器用な実践に自信をもち、子どもや保護者に向き合い、教師も子どもと一緒に成長していけることこそが、この仕事の魅力だ。
　「いつもぼーっとしていて、話しかけると真剣に聞いてくれて、先生っぽくない先生」はクラスの子どもが言い表す私だ。ほめられていないのに、なぜかちょっぴり誇らしい。

（『教育』2013年4月号所収）

　『教育』で、先年、「教師を生きる哲学」を特集したことがあります。山口さんは経験数年の東京の小学校教師で、この特集に実践を寄稿してくれました。教師であることが苦難である時代に、それでも自分らしく教師でありつづけるためには、基軸となる教育の本質を問いつづけることが必要となります。

教育にとって何がもっとも大切なのか、子どもがどう見えているかに教育の哲学があり、教師を生きる分岐があることを山口さんの記録はそっと示しています。彼女は、一見何の問題もなく、まじめな優等生のコウタのなかにも渦巻く不安や緊張を見出し、ゆっくり見守りながら機会を待ち、「失敗」をみんなであたたかく笑いあうなかから子どもの変化を育てていきます。ケンジとリョウヘイの「納得いかない」トラブルにも、子どもの正直な気持ちを伝え合い、個人の不安や不満を教室のみんなで共有しあってそれぞれの成長を見届けていきます。しかし、管理職はそうした教育の内実には関心がなく、「ノートに下敷きを入れない、発言するとき椅子を机に入れない」という子どもの形ばかりに目を向け、子どもたちとの豊かな言葉の交流も「統率力がない授業」と評価します。求められる空疎な「成果」を疑い、望まない競争にも巻き込まれないために、山口さんは「ありがたいご指導」を笑ってかわし、わかりあえる教師たちと学校の外でもつながっていきます。

　教師は子どもといっしょにいるかぎり、胸が熱くなる瞬間があり、子どもとともに成長する喜びをもつことができます。教育の民主主義は、みんなといる心地よさと、人間らしいユーモアのなかにも潜んでいるのかもしれません。

4.　人間としての教師を生きるために

　「子どもをしっかりさせ、はみださせない」「グローバル競争に勝ち抜くために、学力を向上させる」という上からの声が学校や教師を圧迫し、教育の自由を奪い、教育の目的をゆがめています。「もっと人間らしい教師でありたい」「もっと試行錯誤ができる温かみのある実践がしたい」という教師たちの疼くような願いは、どうすれば実現することができるのでしょうか。

日常の生活や子どもの姿から学んだ小さな哲学

太田一徹（北海道・公立小学校）

● 一番書けないことが一番伝えたいたいこと

　この正月、うれしい年賀状が届いた。

> 「太田先生！　お久しぶりです☆げんきですかーっ!?
> 年賀状ありがとうございます！！　嬉しかった
> 太田マーク　今でもかけるよ(^_^)さすが　　つんた☆

　うれしかった。「元気だろうか」「家族いっしょに暮らせているだろうか」——ここ数年、つんたからの便りが途絶えていた。「今年は来てほしい」。祈りにも似た思いで、年の暮れ、年賀状を投函した。

　8年ほど前、小学校3・4年生で受け持った女の子「つんた」（ニックネーム）から届いたのだ。

　4年生の2学期、詩の授業「家族や友達の詩を書こう」に取り組んだ。

　その中に、この詩があった。

　　マネッコチョンマゲ

　　　　　　　　　　　つんた

あやねちゃんのマネをして
チョンマゲのかみがたにした。
きにいった。
おもしろくなった。
でも、
ほんとうは、
あやねちゃんは、
すぐとっちゃうんだった。

なんの変哲もないこの詩の中に、彼女の「いま」がある。
　この詩を書く2週間ほど前、家族に大きな変化があった。とてもやさしく、素敵なお母さんが、まだ1才に満たない下の子を育てる中で、精神的に疲れてしまい、静養のために単身、道外の実家に行かなければならなくなったのだ。つんたの家庭は、かわいい妹・あやねちゃんを中心に回っていたのだが、そのあやねちゃんも、お母さんがいなくなるということで、お父さんの実家で面倒をみてもらうことになった。
　「先生、きのうあやねちゃんがね……」と毎日のように報告してくれていたつんたにとって、あやねちゃんは太陽のような存在。そのあやねちゃんが、いなくなって2週間、お母さんやあやねちゃんがいなくなったこと、その寂しさを自分から書くことはできない。
　いなくなってしまったあやねちゃんを思い出し、その髪型（ちょんまげ）を自分でしてみる。でも、「あっ、あやねちゃんは、すぐゴムを取ってしまうんだった」と、また、あやねちゃんに思いを寄せてしまう。「だった」と書いているところに、「いまはいないんだ」という切なさがにじんでいる。「あやねちゃん帰ってきて！」「さみしいよ」「お母さん」と叫ぶことは、いまはできないのだ。叫んでしまうと、必死で耐えている自分が崩れてしまうと感じているのかもしれない。一番聞いてほしいことが一番書けないこと、一番書けないことが本当は一番伝えたい思いなのだろう。
　この詩は、彼女にとって精一杯の表現。そして、その彼女の思いが少しだけでもわかることで、私自身のかかわりが幾分かは人間らしくなれるのかもしれない。
　この少し前、私自身、人生の岐路に立ち、悩んでいたとき、車の助手席で道民教の先輩T先生が、こう言ってくれたのだ。「一番言えないことが、実は一番言いたいことだものね。」

● 「偶然て必然だものね」
　1年生の2学期、この日記は書かれてきた。

> せんせい　あのね。
> 　　　　　　　　　るいな
> きょうは、おやすみだったので、おかあさんのおてつだいをしました。
> おおきな　おさらや　コップをおとさないように、しんちょうに、きれいに、あらいました。
> そうしたら、おかあさんも、とてもよろこび、ほっぺにきすをして、むぎゅっとしてくれました。
> わたしも、なんだかうれしくて、おてつだいをもっと　がんばろうとおもいました。

　とても素敵な日記がうれしく、授業で子どもたちと鑑賞した。るいなちゃんの洗っている様子・お母さんのしてくれたこと、もっとがんばろうと思ったことに共感した意見がたくさん出された。
　それから数日後の個人懇談で、るいなちゃんのお母さんと日記のこと、授業で取り扱ったことを話した際、お母さんはこんな話をしてくれた。
　「ほんと、私はだめな母親なんです。上の子のことで忙しくて、るいなにかまってやれないでいたんです。そんなとき、たまたま本を読んであげていたら、『おかあさん、るいなを生んでよかった？』って、るいなが聞くんです。はっ！　こんな思いをさせていたんだって思って……。そのすぐ後に、このお手伝いをしてくれたんです。本当にていねいに洗ってくれたんですよ」
　お話を聞いて、胸が熱くなってしまった。
　「お母さんは、だめな親ではありませんよ。だって、るいなちゃんが心配になったときには、聴いてくれる・受けとめてくれるお母さんがいるか

ら、『生んでよかった？』って聞いたんだし、それをしっかりと受けとめて抱きしめてくれたんだもの。だから、こんな素敵な日記が生まれたのですから。すてきなお母さんです。」

　私は、思わずそう話した。

　この日記は、偶然に生まれてきたものではなかった。るいなちゃんの小さな不安とそれをしっかりと受けとめ、「むぎゅっと」してくれたお母さんの心が響き合った必然の作品だったのだ。

　「偶然て必然だものね」

　T先生のつぶやきがよみがえってきた。

● **存在そのものが愛おしい**

　毎月、全校朝会では、持ちまわりで学年から1人、全校の子どもたち・先生たち600人以上がいる前で、何も見ないで話をし、あいさつをするのだ。

　11月の全校朝会は1年生。しかも2組（私の学級）に当たっている。やりたい子を募ると、6人の子が手をあげる。そのやる気がうれしい。大役なので、声の大きさなどで、オーディションをし3人が選ばれる。あとはジャンケンで勝負。

　「かける君になったらどうしよう。言えるだろうか？でも、勝ってほしい。成長の節目になる！」

　私の心も揺れていた。

　かける君は、笑顔のとってもかわいい子だが、片付けられない、集中できない、友だちにちょっかいをかけ、嫌な思いをさせてしまうこともしばしば。

　しかし、結果は、るんるん（かける君）に決定。

　かける君は練習してきた。翌日、教室のみんなの前で披露。大きな声でスラスラと言えたので、みんなから「おーっ！」という声と拍手がわき起

こった。

　そして当日、シーンとした体育館の中央に、かける君は出て行った。大きな声で、堂々と話し、あいさつをしたのだ。2組の列に戻ってくるかけるを、にこにこ笑顔で「がんばったね」「るんるん、よかったよ」と小さな声と音のない拍手で迎える子どもたち。るんるんの頭をなでている子も……。まわりの子どもたちも、自分のことのようにうれしかったのだろう。

　その日の給食時間、「かんぱいしよう！」という子どもたちの声で、乾杯。笑顔かわいいるんるんの顔は満面の笑みになっていた。がんばったるんるん、それを自分のことのように喜んでくれる子どもたち、本当にあったかい1日だった。

　「せっかくの機会です。ぜひ見に来てください」と誘い、この日、体育館の隅からかける君のお母さんはわが子の姿を見ていたのだ。

　お母さんから、次のようなお手紙が届いた。

> 「昨日のお手紙（学級通信）を拝見しました。読み終わった後、4年生のお姉ちゃんと目元から……。最近のかけるの行動に『学校で恥ずかしい……』と言っていたお姉ちゃんの口から『るんるん、誇らしい弟だね！』と。家では甘えん坊、嘘つき、ハイなんて言わない……と三拍子そろっているかけるですが、体育館でこっそり見た姿は初めて見た少しかっこ良いかけるでした。このお手紙（通信）も大切にアルバムと一緒にしておきます。取り上げて頂いて有り難うございました。」

　子どもは、存在そのものが愛おしいのだろう。そして、この出番がかける君になったことも、必然だったのかもしれない。

● 白か黒かではなく、ときにはグレーが大切

　1学期の途中、「先生のところで転入生受け入れて……」と学校長。前の学校で、学校との間でかなりのトラブルがあったという。1年以上にわたるトラブルの詳細が何ページにも記録されたコピーが手渡された。うんざりするような記録の数々と内容。最初の1、2ページを読んでやめてしまった。

　自分の目が曇りそうな気がしてならなかった。あとは自分の目で……。

　転入早々事件は起きた。「貸した物が壊れて返ってきたが、謝ってくれない」とAちゃんのお母さんが相手の親に直接電話。

　電話を受けた親は、遊びから帰った子に問いただすが、「壊していない、壊れていない」という。困って相談の電話が来る。

　数日後、Aちゃんのお母さんは今度は「帰り道、押されて倒れた。道路に倒れたら大変なことになる」と別の子の家庭に電話。

　いずれも、Aちゃんのお母さんが話され、心配していることはもっともなこと。しかし、当事者(子ども)やまわりにいた子どもたちに話を聴くと、どうも事実と違うようだ。当事者たちは、「された」「していない」と平行線。状況的にどちらかが黒といった判断はさけた。「話をしてお互いがどう思っているかがわかってよかったね」と、大事なことは何だったかを確認して終わりにした。

　Aちゃんのお母さんにも、その内容を伝え、「子どもの成長にとって大切なことは、白か黒かをはっきりさせることではなくて、そこで何が学べたかだと思うんですよ。ですからグレーも大切なときがあると思うのです」と話した。そして、了解していただいた後、立ち話をした。

● 「攻撃」性はつらさの表れ

　「お母さんもたいへんだね。小さな子を抱えて……。真ん中の子は幼稚

園でしょ。困ったことや心配なことがあったら、すぐぼくに言ってよ。人に話すと、ちょっと楽になるでしょう。自分ひとりで考えていたらストレスたまってきちゃうからね」

転校以来ずうっと険しかった顔が、初めてやわらかな笑顔になった。

「私は、細かなことをすぐに気にしすぎちゃう性格なんです」

自分から初めて自分の弱さを話してくれた。重かった鎧を外し、体と心の軽さ・心地よさを味わっているようなすてきな表情だった。

前の学校でトラブルが起き始めたのは、下の子が生まれた直後。3人の子を抱え、その大変さはかなりのものだったろう。そんなときに起きた学校での子どものトラブル……。その「解決」をめぐっての事実確認と白黒判断。それは、自分への「攻撃」と感じても不思議はない。しかも、いつも笑顔のかわいいAちゃんも、自分の失敗を正直に言えない状況になったのだろう。それらが入り交じり、積み重なり、お母さんと学校との間に不信の壁が高くそびえていったのではないだろうか。

子どもはもちろん、親も教師も、つらいときほど殻を厚くする。自分を守るためには、「攻撃は最大の防御」とばかりに相手を攻撃する。これは「本能」だろう。

「『攻撃』性はつらさの表れ」なのだろう。

それ以来、Aちゃんが訴える事件も、お母さんからのクレームもまったくなくなってしまった。

そのかげには、子どもを学校に送り出した後に、Aちゃんのお母さんをお茶に誘ってくれるという学級の母親たちの姿もあったのである。

● マニュアルではなく人として生きる哲学

教師生活36年、出会った子どもたち、保護者、そして多くの仲間たちに、どれだけ多くのことを教えてもらったことだろう。その一つひとつが、私

にとっては、教師のマニュアルではなく、人として生きる哲学といえる貴重な財産なのだ。
　これから、こうした財産を日常の生活やつぶやきのなかで、ゆるやかに、しかし、しっかりと手渡していくことができるだろうか。

(『教育』2013年4月号所収)

　『教育』での「教師を生きる哲学」特集には、退職間近の北海道の小学校教師太田さんも実践記録を寄せてくれました。北海道には「生活綴り方」の伝統もあります。教育が国家に直属し、自由な教育実践が根こそぎ弾圧された戦争の時代に、子どもとともに生きようとした一群の教師たちは、子どもをその生活台から理解しようと努め、子どもの作文と成長に励まされ、親たちにささえられて人間としての教師を生き延びました。
　精神疾患による教師の休職が毎年5000人を越える現代も、形を変えた教師の逆境の時代といえるでしょう。それでも毎日、子どもたちは学校に通ってきます。つんたの書けなかった淋しさ、るいなの言えなかった不安と嬉しさ、かけるの緊張とお母さんの喜び、子どもの貧困と親たちの生活の困難が暗い影を濃くする時代に、子どもが生きる日々をいっしょに見つめ、子どもの小さな胸のふるえも受けとめる目が太田さんにもあり、生きづらさを抱えながらも子ども大切に思う親たちと優しくつなぐ手があります。子どもの生活と生きる姿から学ぶことができるかどうか、人間とはなにかを洞察できる知性と感性を磨くことができるかどうか、教育の民主主義には教師自身の深い学びと生き方が問われているようです。

5．授業のなかの民主主義を求めて

　子どもたちの学校体験のほとんどは授業の時間が占めています。その授業

のなかに民主主義の思想と方法が息づいていなければ、子どもたちに民主主義の価値と意味は届かないでしょう。強まる「学力向上」の風圧は、「授業時間確保」と反復訓練のドリル学習に子どもたちを追い立て、学ぶ楽しさ、おもしろさを教室から奪いつつあります。

「人々をなりゆきまかせの客体から、自ら歴史をつくる主体に変えていく」ことにこそ学びの意義があると、『ユネスコ学習権宣言』は呼びかけています。学びのなかに民主主義を追求することは、どのように可能なのでしょうか。

「矛盾見つけた！」──対立で深まる学び

山村孝行（東京・公立小学校）

● 「間違えも大切なんだなあ」

　この原稿依頼を受け、一人の卒業生の姿が浮かんできた。優希くんだ。

　優希くんについて思い出に残る授業がある。5年生4月の算数。0.1をタイルで表わすとどうなるか？という問題に取り組んだ。優希くんは1を100等分したタイルを黒板に描いた。クラスの多数が彼の意見を支持し、違う意見との間で対立が起き、話し合いが始まった。その話し合いのなかで優希くんの意見は否定されていくが、それによって小数の意味が明確になり、優希くんの意見は深い学びを生み出した貴重な意見としてクラスのみんなから賞賛された。この日の授業について文也くんは「ぼくは答えがあってよかったという気持ちより、優希くんのおかげで、対立になって授業がふくらんだので、間違えも大切なんだなとすごく思いました」と日記の中で振り返っていた。文也くんは優希くんとは違う意見であった。つまり「正解」だったのだ。しかし、文也くんは「正解」したこと以上に優希くんのおかげで「新しい価値観」に出合えたことが強く心に残っている。そして、優希くんはこのときの授業について卒業文集の中で振り返り、「間違い」のおかげで自分もみんなも学べたし、「失敗しても無駄にはな

らない」のだと綴っている。彼の成長にとって、大きなきっかけとなる出来事だった。

　なんでもないような日常の授業――その中に「授業」や「学び」の本質を私に教えてくれる「小さなドラマ」がある。そんな「小さなドラマ」の積み重ねが、「授業」や「学び」に対する子どもたちのイメージを変え、彼らの「学び」を豊かなものにしていくと感じる。そんな「小さなドラマ」から教わったことを、子どもたちの言葉から考えてみたい。

● 「小さなドラマ」が生まれるきっかけ
　「小さなドラマ」が生まれるきっかけの多くは、なにげない疑問からだ。そのことの価値を純一くんは日記の中で綴っている。

大河くんの貴重な疑問
今日、ぼくは感じたことがあります。それは、大河くんが「なんで○○なの」とか、「よくわからないけど」と言っていることについてです。最初は、「なんでそんなこと言うの？」と思いました。だけど、それはクラスの大問題になったりします。だから、大河くんの「なんで○○なの」とか、そういう疑問をだれかが出していなかったら、「じゃあ、これでみんなわかったね。」と先生が言って、授業が終わってしまうので、すごく貴重な疑問だと思います。だから、これからは、どんなに変な疑問でもいいから、どんどん疑問を出していきたいです。

　大河くんは発言が得意なタイプではなかった。うまく自分の考えが整理できず、長々としゃべってしまい、結局何を言いたいのかわからないということもよくあった。そんな大河くんの発言に対するイメージを変えるできごとがあった。

それは理科の「植物が種をつくるには受粉が必要か？」という問題で話しあいでのこと。受粉をさせる花とさせない花を比較するための実験方法を決めていた。2つの花のおしべを取って、片方は人工受粉させること。ほかの花の花粉で受粉させないために、受粉させない花にはビニール袋をかぶせること。条件をそろえるために受粉させた花にもビニール袋をかぶせること。話し合う中で、実験方法が決定されていった。そんな中で大河くんが発言した。
　「受粉をさせる方にはビニール袋はいらないような気がする……。そのままおしべを残しておけば、自然に受粉するし……。それに受粉をさせるとき、ビニール袋を外したら、条件がそろわなくなるし、それに……。」
　悩みながら長々と語る大河くんの意見の意味がわからず、授業の雰囲気が沈みかけたとき、その真意をつかんだ隼人くんが「大河くんの言いたいことは……」とつなぎ、またそれを理解した子が意見をつないでいった。そうしたやりとりが続く中で、大河くんの意見がクラス全員に理解されていく。みんなが「当然」と思っていた実験方法に真っ向から反論する大河くんの意見にクラスの全員が反論した。しかし、それでも納得がいかずに反論する大河くんに、しだいに賛成する子たちも出てくる。実は先取り学習で「おしべを取る」「ビニールをつける」だけを暗記していた子もいた。その子たちの「わかったつもり」を揺さぶる発言にクラスは2つに分かれての大論争となった。
　この中で「条件制御」とは何なのか？　もう一度改めて議論の対象となり、またその意味が深められていくこととなる。「大河くんは自然に受粉させるというが、失敗することもあるのではないか？」そんな反論から、「自然に受粉する」場合の成功率や「いろいろな花の受粉のしかた」へと学習が広がっていくこととなった。
　大河くんの意見がなければ……。大河くんの意見を全員が問題にして

いくことがなければ……。教科書通りに考えれば、大河くんの意見は「不正解」であり、「間違い」である。しかし、その「不正解」「間違い」から議論を始めていくことで、学びが豊かになっていったことを純一くんは感じ取り、日記に書き留めている。純一くんが「最初は『なんでそんなこと言うの？』」と言っているように、みんなで話し合って決まった考えに対して、「でも……」と最後まで疑問を出しつづける大河くんにいらだちすら感じていたと思われる。しかし、その疑問がクラスのみんなの心を揺さぶる大問題となっていくことを体験し、自分の価値観を変えていったのだ。

● 「学びたい！　知りたい！」がつまった疑問

　そんな大河くんの姿を見て、直樹くんもまた自分を変えようとしている。

大河くん
ぼくは、大河くんってすごいと思います。なぜなら、授業中、言いたいことを言えるし、いつも変だ、おかしいを見つけられるからです。ぼくは、今日その大河くんに少し近づけたと思います。それは、理科の授業のとき、「侵食の働きが大きいのに、なぜ岩は大きいのか？」という疑問を、今日見つけたからです。
問題をつくれるときは、先生も言っていたけど、「わかったつもりにならないこと」が大事だと言っていたけど、本当でした。でも、まだ大河くんにはほど遠いのでがんばりたいです。

　流れる水の働きと川の様子について学習していたときのこと。子どもたちは川の写真を見ながら、上流から下流へ向かうにつれて石が丸く、小さくなっていくことに気づいていく。また川の流れは下流になるにつれてゆるやかになっていくことも発見していく。その２つの事実から、直樹

くんは疑問をもったのだ。流れの速い上流は、当然侵食する力も大きいから岩も削られて石が小さくなるはずなのに、どうして下流の石が小さくて、上流は大きな岩があるのか？　直樹くんは不思議でならないのだ。

「あっ！　矛盾を見つけた！」

川の写真から発見したことを班の中で交流していたとき、直樹くんが大きな声で班の仲間に話していた。大河くんの発言にあこがれ、自分もあんな風に発見したいと思っていた直樹くんにとって、思わず大きな声を出してしまうほど、うれしいことだったのだと思う。

そんなまわりの声に大河くん自身も自信を深めていった。

発言
今日からぼくは発言をするようになりました。それはぶつぶつ独り言みたいな声で、不思議に思ったことや反対を言っていると、先生に「もう一回言って。」と言われて発言するうちに、ときどき自分から発言したりするようになってきました。すごくうれしいです。こうしてみると、前より発言した方が授業がすごく楽しく思えたりすることがあって、お母さんもそう言っていました。先生にも「もっと大きな声で言ってごらん。」と言われました。なので、もっと大きく声を出して発言したいです。

子どもたちのつぶやきや疑問は、学びの本質にせまる可能性を秘めている。そして、子どもたちの「学びたい！知りたい！」という本質的な願いがつまっている。それを見つけ出し、クラスみんなのものにしていくことで、新しい学びの世界をクラスの中に創り出していけるように思う。

●**間違いの価値観を変える公式**

みんなと違う意見＝間違いという価値観が子どもたちの中に当然の文化

としてある。その価値観を愛梨さんは変えていっている。

理科の授業

今日の理科で、発芽の条件をまとめました。私は、まず気温が必要だと思います。理由は、夏にさくヒマワリが冬にさいたらおかしいからです。でも、ひ料は必要ないと思います。道にさいている植物はだれもひ料をあげていないのに育っているからです。

この意見を出した恵美さんに対して、みんなが反対しました。私はこのとき、「あっ、対立が起こった」と思いました。「対立」について辞典で調べてみると「考えや立場などのちがう2つのものが張り合い、ゆずらないこと」とのっていました。「本当にその通りだな」と私は思いました。その対立がつくれる私たちのこのクラスは、すごいと思いました。5年2組のメンバーでよかったです。

私はこのクラスが大好きです。

　理科の発芽条件について話し合いをしていたときのこと。多くの子は人間が育つためには食事(栄養)が必要なように植物が発芽するにも栄養が必要であり、だから「肥料」が必要なはずだと主張していた。そんな中で新しい考え方を出した恵美さんの意見は、当然のように反論されていく。それを見て、愛梨さんは「どちらが正解か？」ということよりも、「対立が起こった！　すごい！」と喜んでいます。そんな対立ができるクラスを大好きだと言っている。

　愛梨さんはこの「対立」について別の日記でも考えを書いている。

意見＋反応＝対立

今日、私が思ったことは、意見＋反応＝対立だということです。だれかが

意見を言ったら、みんなが反応する。「みんなが反応してくれるなら、発言しようかな。」という人が出てきて、意見を言う→反応する。またこういう人が出て、意見を言い、発言する→反応する。みんなの意見で問題ができて、対立するという意味です。
この式をクラスの文化にしていきたいと思います。

　愛梨さんはだれかが意見を言うとかならずだれかが反応して、新しい意見が出て、それを繰り返すうちに意見の違いが明確になり、問題がつくられていくと言っています。つまり、違う意見があるからこそ対立が起き、問題が生まれ、議論となり、授業が深まっていくことを感じている。夏帆さんも、同じように発言がつながっていくことの大切さを指摘している。

理科の時間
私は今日、理科の時間に3回も発言できました。そして、みんなのよかったところは、私が何か発言したときに、その意見につなげていってくれるところです。そうすると、私もまたその人の意見に対して言えるので、今日、私がわかったことは、1回発言すると、どんどん発言できるようになるということです。
たとえば、私が発言したときに、他の人もその意見に対して言うから、私もまたその人の意見に対してというように、どんどんつながりが出てくるからです。
次からも、理科の時間だけでなく、国語や算数でも発言して、どんどん意見が言えるようになりたいです。

　自分が発言したら、みんながつないでくれる。つまり、自分の意見を受け止め、それを価値づけてくれる仲間の存在がクラスに安心をつくり、子ども

たちの発言を支えているのだと思う。

● 「一つの意見はパズルのピース」
　国語「大造じいさんとガン」について学習していたときのこと。子どもたちの「変だ、おかしい」という疑問から問題をつくり議論をしていった。そんななか、子どもたちは「一羽だけであったが、生きているガンがうまく手に入ったので、大造じいさんはうれしく思いました。」という一文から「なぜ大造じいさんはたった一羽取れただけでうれしく思うのか？」という疑問をもち、意見が対立した。久しぶりにガンが取れたからうれしかったという意見と、生きているガンが取れたことがうれしかったという意見に分かれた。文章を細かく読み、言葉と言葉を関連付けて、深く読み取っていった。その話し合いについて修司くんは日記に自分の考えを書いてきた。

自分のからをやぶる
今日は、国語で自分の意見を言うことができました。ぼくはあまりにもきんちょうし過ぎて、言葉をうまく伝えられませんでした。だから、ぼくの言ったことがわからないんじゃないかと思いました。でも、耕平くんが言い直してくれたので、けっこう安心しました。言ってよかったと思いました。

パズルのピース
この前言った国語の意見にたどりつけたのは、発言した人のおかげでたどりついたので、決して自分の力だけでたどりつけたわけではありません。そもそも、みんなが意見を言わなければ、あそこまでたどりつけませんでした。ぼくは、このできごとから、一つの意見はパズルの一つのピースで、それがたくさん出てきて答えが出てくるということを学びました。決して答えをすぐに出すなんてことはできません。みんなの意見が集まり、答え

が出てくるのです。
あと、無駄な意見などないということも学びました。無駄な意見などないので、意見が思いついたら、がんがん発言したいです。

　修司くんは発言が得意ではない。自分から発言することは今までほとんどなかった。そんな彼が「大造じいさんとガン」の世界に興味をもち、毎日熱心に大造じいさんの気持ちや行動の意味を考えていた。物語を読んで疑問を見つけては、休み時間に「先生、大造じいさんは残雪をいまいましく思っていたのに、なんで最後に逃がしたのかなあ？　しかも『晴れ晴れとしている』なんて。なんか気になる。」と言って私に教えてくれた。ときには、家でお父さんの意見も聞いて考えてくるほどだった。
　そんな彼が思い切って発言をした。緊張しすぎて、何を言っているのかわからなくなるくらいだった。でも、その意見を理解して、つなげてくれた耕平くんの存在を日記に書いてきた。そして、そんな意見が出せたのは、自分一人の力ではなく、みんなの意見があったからこそだと振り返っている。
　修司くんは「なぜだろう？　どうしてだろう？」と疑問をもち、発言はできなくても、じっと考えていたのだ。みんなの意見を聞きながら、自分の考えを深め、いつか言おう、いつか言おうと自分に言い聞かせていたのだと思う。そんな自分の意見をみんなは理解して、価値あるものとしてつなげてくれた。「一つの意見はパズルの一つのピースで、それがたくさん出てきて答えが出てくる」ことを実感したのだろう。だからこそ、「無駄な意見などない」という結論を導き出したのだ。みんなで学んでいくことで、自分ひとりでは考えつかなかった新しい考え方に出合える。その価値を修司くんは教えてくれている。

●自分の成長を実感する学び

　5、6年生で担任した光梨さんは、疑問をもち、話し合いながら学んでいく授業について卒業文集で振り返っている。

　今の自分は4年の時の自分と比べものにならないくらい違う。何が違うかというと、まず、4年のころは、発言をまったくしていなかったが、5年になってからは、発言するようになっていった。理由は、発言するチャンスがたくさんあったからだ。私が発言しようとすると、近くの人たちが「光梨さんが言うよ」と言ってくれたから。……また他の人の意見を聴くということは、4年の頃はあまりなかったが、5年になると、少し聴くようになった。……なぜ、こんなに変化したのか、理由があります。それは、先生の教え方がうまいから。つまり、ものの教え方が、他の先生とは少し違う。前の国語の教え方は、別に難しくもないけど、教科書を読んで何かするってことであったが、5、6年になってから、考え方が変わりました。物語文の変だ、おかしいと思うところを探して、解いていくことになっていきました。これのどこがおもしろいかというと、話が逆転裁判のようにはじめは「絶対こうだ！」と思っていた考えが、話し合いをする中で逆転して、最後の考えが変わっているのがおもしろいです。今の自分の方がすごいということは確かだ。……

　光梨さんは、自分なりの疑問をもち、授業中によくつぶやく子だった。彼女の意見をきっかけに議論が始まることもしばしばあった。しかし、彼女の意見は話し合いを通して否定されていくことも少なくなかった。そんな彼女が「授業がおもしろい」と言う。「正解」することがおもしろいのではなく、「話し合いをする中で逆転して、最後の考えが変わっている」のがおもしろいというのだ。

「授業」のなかで、みんなと「学ぶ」ことで自分の考えが変わり、新しい世界、新しい価値観に気づき、自分の成長を実感していく。光梨さんのような喜びをすべての子どもたちに感じてほしい。そんな願いをもって、また今日も授業づくりに励んでいる。

（『教育』2013年5月号所収）

　『教育』で「授業の魅力」を特集したとき、東京郊外の小学校で経験10年を越えた山村さんが依頼に応えてくれました。「子どもの瞳輝く授業をしたい」「教えることの喜びを味わいたい」と学生時代から願いつづけ、学びつづけてきた教師です。
　山村さんは授業には毎回「小さなドラマ」があるといい、それは子どもの「間違え」から始まると考えています。子どもたちが失敗を恐れ、間違えることの恥ずかしさに口を閉ざすことの多い学校で、それは新鮮な発想に聞こえます。事実、大河くんの貴重な疑問や、その意味に気づいた隼人くんや純一くんの意見でクラスのみんなが心を揺さぶる学びに発展していきます。子どもたちが「不思議」と「矛盾」を見つけることで教室に新たな問いが生まれ、それをつないでいくことで豊かな学びが教室に育ちます。子どもたちはそれが楽しく、おもしろいのです。「正解」ではなく、「話し合いをするなかで、逆転して、最後の考えが変わっている」ことがおもしろいと子どもたちは言うのです。
　おとなたちの民主主義に求められていることも同じではないでしょうか。他者の異論に耳を傾け、より高い知恵と合意にたどりつくプロセスにこそ民主主義の魅力はあるはずです。民主主義は間違いや失敗を含む永遠に未完のプロジェクトかもしれません。しかし、だれかが一方的に決めつけない試行錯誤の階段を昇りつづけることにこそ人間の社会の希望があることを、子どもたちの学び方が教えてくれているように思えます。

6. 弱さを慈しみ、教室にやわらかな出会いを

　教育にも効率が重視され、教師には目に見える「成果」が求められる時代になっています。学校はいま、「無駄」が排除され、スピードと同調が強要されるあわただしく窮屈な空間に変わりつつあります。それは利益を優先する経済の論理で覆われはじめた社会の反映であるかもしれません。そこにはだれもが平等であるはずの命の価値が見失われていくような悲しみがあります。民主主義はまず教育の場で、子ども時代の基礎体験として「人間の尊厳」が手渡されていく必要があることでしょう。学校は、子どもの傷ついた誇りや、失われた生きていく自信、負の感情にも丁寧に向きあい、満たされない子どもの攻撃性も時間をかけて癒やすことができる場所でありたいものです。民主主義とは何よりも弱さを慈しみ、人びとがささえあう制度と思想であったはずだからです。

急がなくていい、子どもはゆっくりつながっていく
渡辺克哉（東京・公立小学校特別支援学級）

● 「黄金の3日間」は存在しない……
　入学したての1年生や通常の学級から編入してくる子どもを迎え、教員や介助員などのスタッフも入れ替わった落ち着かない学級。特別支援学級の4月のスタートはいつもそのようなものだ。新しい環境に慣れるまでに時間がかかる子どもたちに「黄金の3日間」なんて存在しない。3日間で表面的には落ち着いている雰囲気を醸し出しても仕方ない。子どもたちが自ら席に座り、人の話を聞こうとし、学習が成立するようになるには、たくさんの時間をかけてじっくり学んでいくことが必要なのだ。

●始業式で大騒ぎ！
「ふざけるな！　ぶっころしてやる！」
　四月の始業式の最中に、転校生の列に並んでいた善君は、付き添っていた私に向かって次々と暴言を吐きつづけた。朝礼台の上で話している校長先生の話も中断させてしまい、静かに整列していた子どもたちもザワザワし始めてしまった。特別支援学級に編入してくる児童ならばよくある出来事だ。
「みんなびっくりしているよ。静かにできるかな？」
「ぶっ殺してやる！　お前なんか友だちじゃない！」
　私は暴れている善君を誘導して式から離れた場所まで移動した。善君は新しい学校で初めての出会いに緊張していたこともあり、自分の世界に入り込んでいることで落ち着いていたのだが、ふと気づくとお母さんがいないことで不安になりパニックに陥ってしまったのだ。
　暴れている善君をどうしたら落ち着かせることができるかと考えていろいろ試すがうまくいかない。今日は入学式があるので始業式が終わって学級開きをしたら午前9時30分には下校だ。それまでなんとか善君を押さえてこの場所で過ごそうと思い、主事室の受付の上にかかっている時計を見て、
「9時30分になったらお母さんが迎えに来るよ」
と話す。すると善君は時計をじっと見つめ始めた。
「長い針が6のところまで来たら、お母さんが迎えに来るんだよ」
「もう6になった？」
と善君は何度も聞きながら時計をじっと眺めていた。そこで私は主事さんにお願いして、その時計を壁から外し、善君に渡した。
「その時計をもって、教室に行こうか？」
　善君はスタスタと歩き出し、教室の自分の席に座った。じっと時計を見つ

めつづけながら……。

「よく教室に入れたね。明日も待っているよ」

9時30分になり、お迎えに来たお母さんに引き渡すことができてほっと一息つく。しかし、今日の出来事はこれからの長い善君との生活のほんのスタートに過ぎない。本番は明日からだ。善君が安心して生活できる環境をつくれるのかな？　小さな成長を喜び合いながら過ごしていこう！　不安と期待が入り混じった気持ちだった。

●ハラハラドキドキの入学式

「間に合うかな……」

入学式の開始が迫っている。そこへ誠君の保護者が駆け込んできた。

「先生、誠が校門のところまで来たのですが、また逃げて行ってしまったのです」

校門の外を見ると、誠君はこちらの様子をうかがい、私たちの姿を見つけるや否やまた遠ざかってしまった。無理矢理連れてきて入学式に出しても仕方ない、それなら入学式に出ることにこだわらなくてもいいかな……と考えていると、2年生の太君が校門を出て誠君のところに駆け寄っていた。そして少しすると太君が誠君を連れて一緒に校門から入ってきたのだ。誠君が3月に体験入級で学級に来ていた時に2人は仲良くなっていたのだ。きっと子ども同士で安心したのだろう。おとなからは入学式に参加させようという緊張のオーラが流れていたのだろう。彼らは瞬時にそのようなオーラを察知する。

だが、安心してはいられない。もう他の子どもたちは入場のために体育館の入り口に並んでいる。

「誠君、もうそろそろ体育館へ行こうか？」

と話すが、図鑑などをじっと見入ってなかなか動こうとしない。

「お魚のカードは？」

ふと、誠君が言った。3月の体験入級の時に気に入った魚のカード図鑑のことだ。

「入学式にそのお魚カードを持って行こうか？」

誠君は立ち上がった。そして体育館へと2人で走った。花道を2人で手をつなぎながら走り抜けて席に座った。滑り込みセーフだ。すぐに誠君にお魚カードを渡した。誠君は夢中になってお魚カードを見ていた。入学式が半分ほど進んだところで退出したが、誠君は満足そうな顔をしていた。保護者も入学式に出ることをあきらめていたくらいなので大満足だ。私たちは、明日からの毎日の生活を誠君とどのように過ごしていくか思いを巡らしていた。

●じっくり観察、共感、そして指導

「友だちのブロックを取ってはダメ」

一年生の望君が4月から新採用された先生に怒られている。望君は怖い顔をして抵抗している。望君はまだうまく発音できず、言葉によるコミュニケーションがあまりうまくない。よって、友だちにかかわろうとすると、たたいてしまったり、押してしまったりといった身体的表現になってしまう。

望君の観察をしていて気がついたことがあった。それは望君には友だちのブロックを取ったという意識がなかったということだ。ブロックを探していたら目の中に入ってきたブロックが友だちのものだったのだ。そこには友だちへの悪意などない。しかし、友だちのものを取るという社会的に許されないことだ。介助員の先生もそのように考え、「ダメ！」という常識的な指導を行ったのだろう。

「望君、長い汽車ができたね。もっと長くしようとして、このブロックをつなげたかったんだね」

私が穏やかにこう話すと、さっきまで怖い顔で抵抗していた望君は

キョトンとした顔になっている。
「よく見てごらん。このブロックは竜平君がつなげていたブロックなんだよ。竜平君、どんな気持ち？」
「悲しい気持ち」と竜平君。
「悲しい気持ちなんだって。だからこっちのブロックを使ったら？」
望君は素直にそのブロックを受け取り、自分の汽車につなげ始めた。
こんなこともあった。
「ギャー、あいつをこの教室から出せ！」
善君が参観に来ていた方を指さしてこういった。善君が流しにつばをはいてそのまま去って行こうとしたので、参観の方がこう声をかけたのだ。
「自分で吐いたつばは自分で流しましょうね」
いたって常識的な指導だといえるだろう。しかし、善君にとってはただの指導とはとらえられず、自分は否定された悪い子だと感じてしまったのだ。
「つばを流しで吐いたんだね。今までは床に吐いていたのに、流しまで我慢して吐けたんだね」
「流しにつばがそのままになっていると、友だちが見てびっくりしちゃうから水で流すといいんだよ」
善君はこうして少しずつ社会的マナーを自分のものにしていくのだ。
教師がそのときの子どもの状態に反応するのではなく、子どもの行動をじっくりと観察し、子どもの気持ちに共感してから指導しても決して遅くはない。あせらず、じっくりとかかわって、少しずつ一緒に乗り越えていけばよいのだ。

●**小さな成長を見つけていく**
「また太君が教室から出て行ってしまった……」
太君は2年生の春に通常の学級から編入してきた。通常の学級では何

かあると離席、徘徊を繰り返し、特別支援学級へ編入してきたのだ。
　私は太君が教室を出てどうしているのかを知るためにこっそりとついていった。体育館をのぞくと太君がマットの上でピョンピョンと飛び跳ねている。がんばって席に座ってじっとしていたので、体を動かしてバランスをとっているのかな？と、その様子を共感的にとらえ直していく。そのうちに、太君はマットの上に寝そべり、じっと天井を見つめ始めた。きっと気持ちの整理がついたのだろう。これは教室に戻って来られるかもしれないと感じ、急いで教室に戻った。少し経つと太君はすっきりした、でも申し訳なさそうな顔をして自ら教室に戻ってきた。
「よく自分で戻って来られたね」
　私は笑顔で拍手をしながら太君を迎えた。太君は不思議そうに席に座った。そして安心したようにまたみんなと一緒に過ごし始めた。
　数か月経ち、太君はイライラしたり、うまくいかないことがあったりしたとき以外は、離席、徘徊はしなくなった。無理矢理席に座らせなくても、子どもは自ら座って学び始めるのだ。時間はかかるが、これが一番の近道なのだ。

●共に乗り越える方法を探る
「かもーつれっしゃー、シュッ、シュッ、シュ」
　　　　　じゃんけん列車ゲームの始まりだ。音楽に合わせて歩き、相手を見つけてじゃんけんをし、負けた人は勝った人の後ろにつき、肩に手を置いてつながっていく遊びだ。ルールがシンプルで、スリルもあり、かかわりあえる楽しい遊びなので、学級開きや新しい友だちが入級してきたときなどに行うと盛り上がる。
　ただの遊びのように思われるが、実はとても奥の深いゲームだと感じる。このゲームを観察していると、子ども一人一人の様子が見えてくるのだ。

たとえば、友だちにぶつかりながら歩いている子がいれば、この子は他者を認識しながら、自分の体を動かすのが苦手だから、日々の生活の中でも友だちとの接触でトラブルにつながりやすいなと考える。また、友だちに肩をさわられることを嫌がっている子がいれば、この子は感覚が過敏で人との接触がうまくできないから、座席は端の方がよいなどの配慮も浮かんでくるのだ。

　他にも、じゃんけんをする相手を見つけることができているか（決断力、実行力、アイコンタクト）、じゃんけんができているか（タイミング、判断力）、勝敗を受け入れているか、などさまざまな観点で子どもの様子を観察できる。

　太君がじゃんけんで負けて、床に寝そべって泣き始めた。負けたことが悔しくて泣いているのだ。

　ゲームで負けたくらいで、じゃんけんに負けたくらいで……と思ってしまう。でも太君にとっては、じゃんけんで負けるということは、たとえは悪いが、大人がカジノで大金を取られたくらいの気分なのではないかと考えるとわかりやすい。

「じゃんけんで負けて悔しかったんだね」

と気持ちを理解し、

「落ち着くまでここにいていいんだよ」

と逃げ道を示す。何も言わずに寄り添う。それだけで子どもは元気になっていく。

　太君は次の日からこのゲームを行うことになると、みんなの輪から離れ、うろうろし始めた。

「やらないというのもよい方法だね」

　やらないことで自分はダメな人間なのだと感じてしまうのではなく、気持ちや行動を自分でコントロールできたことを評価すると、太君は安心して座って見学し始めた。

しかし、負けてイライラするのはわかっていても、やっぱりやりたい、もしかしたら勝てるかもしれない……という思いを描いて、またみんなの輪の中に入っていく。そしてまた負けて泣きじゃくるといったことの繰り返しだった。
「じゃんけんだけ、練習しようか？」
　みんながゲームをしている合間に落ち着いてきた太君とじゃんけんをする。やはり負けると辛そうだ。私はグーを出しつづけた。すると、太君はパーを出して勝ちつづけ、笑顔になっていった。
「先生とならできるよ」
　太君は私の手を引っ張ってみんなの輪の中に飛び込んでいく。音楽に合わせて楽しそうに歩き回り、音楽が止まると私を捕まえてじゃんけんをする。私はグーしか出さないから、太君はパーで勝つ。私が太君の後ろにつき、肩に手を置いてつながるとうれしそうに「列車」になって歩いていた。
　半年ほど経ち、さまざまな学びや経験をしてきた太君は、友だちとじゃんけん列車を楽しめるようになった。もちろん負けても泣いたりせずに友だちの後ろにつき、肩に手を置いてつながっている。
　すぐに結果を求めなくてもいい。まずは子どもの気持ちを受け止め理解し、ともに困難を乗り越える方法を探り、寄り添うことで自ら乗り越える力をつけていく。

● **非常識からの出発**
「どうして肩や腕が筋肉痛になっているのだろう？」
　そういえば、きのう、暴れる聡君と四つに組んで、1時間ほど腕を押さえて格闘していたことを思い出した。
　聡君は気に食わないことがあり、友だちの頭を壁に打ち付けるなどの行為に及んでしまうということで病院に入院し、退院後、特別支援学級に

入級してきた子どもだ。きのうもやはり友だちとのトラブルで自分をコントロールすることができなくなってしまい、近くにあった椅子をその友だち目がけて投げようとした。近くにいた教員がその椅子を押さえ、怪我をすることにはならないで済んだ。しかし、聡君の目は殺気立っていた。そのような状態だったので、落ち着くまでに時間がかかったのだ。

聡君の衝動的な行為は、聡君自身もコントロールできずに困っているのだ。その後も聡君は頻繁に椅子や机を投げてその辛さや悔しさを表していった。

しかし、よく観察していると、ある変化に気付いた。入級当初は友だち目がけて投げて椅子を、最近は友だちのいない場所に投げているのだ。

「椅子を友だちに向かって投げなくなったんだね」

落ち着いてきて、力の抜けてきた聡君の体をなでながら、私は笑顔でこう言った。非常識かもしれない。椅子を投げる行為を肯定するなんて……。でも以前の聡君から考えれば大きな大きな成長なのだ。

この一件から聡君の椅子を投げる行為は徐々に減っていった。椅子を持ちあげて威嚇するだけになり、さらに椅子を持たなくても言葉で友だちに気持ちを伝えられるようになっていった。

その子どもの以前の姿から見て、小さな変化を見逃さず、それを発見して伝え、成長を互いに喜び合っていくことで子どもたちは少しずつ変化していく。

●また刺激的な4月がやってくる！

「4月は本当に大変だったよね。」

4月当初の様子を思い浮かべると、年度末の学級は全く別の学級を受け持っているようだ。子どもたちが成長し、一緒に乗り越えてきたスタッフもまた成長したのだ。

さあ、また4月がやってくる。きっと新しい子どもたち、スタッフを迎え、学級は混乱していることだろう。焦ることはない。いつも4月はこうなのだ。たくさんかかわって子どもたちの様子をじっくりと観察していこう。緊張し不安な子どもたちをしっかりと受け止めてあげよう。そしてスタッフが笑って穏やかに過ごそう。それが子どもたちの安心のもとになるのだ。さあ刺激的な4月を楽しみながら乗り越えよう！

(『教育』2015年4月号所収)

　どの子も緊張してたくさんの「初めて」に出会う季節だから、春の学校はいつにもまして子どもに温かくやわらかくありたいものです。「学校スタンダード」や「黄金の3日間」などの呪縛が広がる時代だからこそ、「教室にやわらかな出会いを」という特集をこの春（2015年）『教育』で企画しました。そこに寄稿してくれた渡辺克哉さんは東京の特別支援学級のベテラン教師です。彼の教室実践には、いつもふところの深い子ども観と揺るぎない子どもへの信頼を感じます。特別支援学級の日常は容易ではありません。「ふざけるな！　ぶっ殺してやる！」と暴言を吐き、暴れまわる善くん、校門から毎回逃げてしまう誠くん、友だちのブロックをすぐ取ってしまう望くん、すぐに教室から出てしまう太くん、しかし子どもにはそれぞれにそうする理由があるのです。だから渡辺さんはそのときの子どもの状況に反応するのではなく、子どもの行動をじっくり観察してから、子どもの気持ちに共感して指導を始めます。子どもの小さな成長を見つけること、ともに乗り越える方法を探ること、それが教師の仕事だと考えているのです。だれもが自分が自分であることを肯定でき、だれからも認められ、安心して自分らしく生きられる社会が民主主義であるなら、教育のテーマはその土台をつくること、教師が子どもを愛するとは、子どもの幸福感と自分であることの自信を育むこと、そして教育実践とは教師がそのことを願い、試みつづけることなのだと彼の記録は語り

かけてくれます。

　さまざまな教育実践を読むことで、私たちはたくさんの教師たちの教育観や子ども観を自分の中にたくわえることができます。教室で子どもを前にするとき、あの先生ならどう受けとめるだろう、どう声をかけるだろう、どんなふうに対応するだろう、と自分の中の他者とともに考え、実践をつくりだすことができる豊かさにも、教育の民主主義はあるのだと思います。

　教室とその先に広がる社会に民主主義を創造しようと願う教師の教育実践は、苦悩と困難に満ちながらも、子どもと生きる魅力と楽しさに富み、かけがえなく意義深い仕事であるにちがいありません。

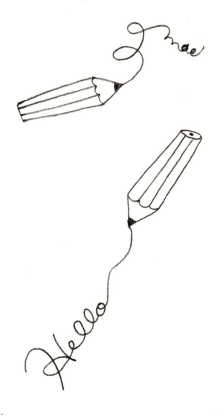

子どもの権利と教育の民主主義

子どもの声に耳を傾けること

片岡洋子（千葉大学）

1. 教育の民主主義の担い手としての子ども

　子どもへの教育における民主主義を問うとき、民主主義の担い手はだれでしょうか。子どもを教育する親や教師など、おとなたちがまずは教育の民主主義の担い手でなければならないでしょう。同時に、おとなたちが子どものためになると考えることが、はたしてほんとうに子どもにとってよいのかどうか、その検討の場に子どもたちの声が反映される必要があります。しかしかつては、子どもにとって何がよいかは、おとなが決めればよいと考えられていました。子どもには何がよいかを判断する能力がない、あるいは子どもはわがままだ、などがその理由でした。

　それに対して、子どもたちに関わるすべてのことについて、子どもが自由に意見を述べることができ、そしてその意見は子どもの年齢や成熟度に応じて考慮されなければならないことを明記したのが、国連「子どもの権利条約」の第12条「子どもの意見表明権」でした。「子どもの権利条約」は、この「意見表明権」と同時に第3条で、子どもに関するすべての措置をとるにあたって「子どもの最善の利益」が考慮されなければならないとしています。子どもに関するあらゆる措置が子どもの最善の利益となるよう努力する責任がおとなや国にあるわけですが、その際、どのようにすることが子どもの最善の利益

になるのかを、おとなだけで決めるのではなく、12条に示されたように、子どもの意見を考慮して決めなければならないのです。

　教育における民主主義を考えるとき、子どもが自分に関わることの一切について自由に意見を表明する権利が認められ、その意見が考慮されて、おとなが責任を持って子どもの教育を創造していくというプロセスを大切にしていくことが求められるのです。子どもたちは、おとなが一方的に子どものためになると決めた教育を受けるのではなく、何をどんな方法で学びたいかについて意見を述べる権利を持っています。その意見におとなが耳を傾け、子どもにとって何が「最善の利益」なのかをおとなと子どもが探求していくことが、教育の民主主義なのです。その過程、つまり立場の異なる者どうしがさまざまな意見を交わしながら、合意を形成していくプロセスこそが子どもに民主主義とは何かを学ばせるでしょう。

2. 子ども・女性の権利と国際条約

　国連総会で「子どもの権利条約」が採択されたのは1989年です。日本が批准したのは1994年です。国連の条約を批准すると、その条約で約束したことを実現するように政府が国内法を整備するなどして努力をしているかどうか、定期的に国連の「子どもの権利委員会」に報告しなければなりません。しかし政府はしっかり努力していますと言うのに決まっていますから、政府の報告だけでなく、市民団体など非政府組織（NGO）からの報告もあわせて検討します。日本はすでに政府とNGOが3回の報告を子どもの権利委員会に提出し、委員会は、1998年、2004年、2010年に総括所見を発表しています。

　日本政府に対する第1回総括所見（1998年）では、日本の受験競争と子どものストレス、学校嫌い（学校忌避）について、以下のような懸念が示されました。

>「48.競争の激しい教育制度が締約国に存在すること、ならびにその結果として子どもの身体的および精神的健康に悪影響が生じていることを踏まえ、委員会は、締約国に対し、条約第3条、第6条、第12条、第29条および第31条に照らして、過度のストレスおよび学校忌避を防止しかつそれと闘うために適切な措置をとるよう勧告する。」
>
> （平野裕二訳「ARC平野裕二の子どもの権利・国際情報サイト」より）

　こうした懸念について、事態がなかなか変わらない面がありますが、日本の教育の課題としてあらためて国内外で共有されました。残念ながら、総括所見の2回目、3回目でも評価されることより懸念や勧告が多いのですが、児童虐待防止法(2000年制定)の2004年、2008年改正で、虐待の定義が改正され、心理的虐待のなかに親のＤＶ（夫婦間暴力）にさらされることも含めたり、通告義務の範囲が拡大して、子どもを虐待から救出する方向へと改善されたりしたことは評価されています。

　国連は「子どもの権利条約」採択の10年前の1979年に「女性差別撤廃条約」を採択しています。日本政府は1985年に批准しましたが、「男女同一カリキュラムでなければならない」と定めた第10条にあわせて、それまで高校では女子だけが履修していた家庭科を男女共修にし、中学では男子が「技術科」、女子が「家庭科」と異なる履修だったのを男女ともに家庭科も技術科も学ぶようにしました(1989年学習指導要領改訂。中学は1992年から、高校は1994年から実施)。「女性差別撤廃条約」と「子どもの権利条約」には男女平等や暴力防止などにおいて重なる課題が多くあります。日本では、結婚できる年齢が男は18歳、女は16歳と異なっていることについては、両方の委員会から同一年齢に改善するよう勧告されています。

　日本は2014年に障害者権利条約も批准しました。子どもや女性、障害者の権利保障について、政府がサボっていると、国連から勧告を受けて改善すべ

き政治的課題に上らざるをえなくなっています。しかし国連の勧告を国内の人びとに知らせるように政府は努力していないため(そのことも何度も勧告されています)、国内世論では課題として広く共有されているとは言えず、こうした国連の人権条約が国内の人権と民主主義の動向を大きく動かすようにはなっていません。しかし、それでもじわじわと変わってきたことがあります。

3. 厳しすぎる校則や体罰への異議申し立て

　国連総会で「子どもの権利条約」が採択された1989年ごろから、日本国内では「子どもの権利条約」早期批准を求める市民運動が広がっていきました。すでに1980年代半ばからは、厳しすぎる校則や体罰について憲法違反、人権侵害だという声があがっていました。そして、子どもの権利条約は、そのころの日本の子どもの置かれた状況に疑問を持っていた人びとに学ばれていきました。

　日本では、1980年代のはじめに中学校を中心に全国に広がった「校内暴力」を「芽のうちに摘み取る」ために、「服装の乱れは心の乱れ」を合言葉に、服装や行動の規制し生徒を管理するための細かい校則がつくられ、取り締まりが強化されていきました。こうした校則に疑問を持っても、生徒の意見はたいてい聞き入れられませんでした。そんななか、当時、千葉県の高校生だったはやしたけしが書いた『ふざけるな校則』(駒草出版、1987年4月)が話題を呼びました。はやしの元に全国各地の読者から校則と体罰についての不満や悩みが3000通も寄せられ、同じ年の12月に『ふざけるな校則　part2』が出版され、たちまち版を重ねました。

　1990年前後には、男子中学生が丸刈りの頭髪を強制されることや、女子も上半身裸にして身体測定をすることへの疑問などをNHKの朝の番組が取り上げました。「子どもの権利条約」は、子どもにも表現の自由の権利がある

ことを認めています。日本政府が「子どもの権利条約」を批准するのであれば、頭髪や服装についての厳しい規制は表現の自由の侵害、そして女子にパンツ1枚で身体測定をさせることは、子どもの性的プライバシーへの侵害ではないかという世論が高まっていきました。中学入学と同時に男子が丸刈りになる、男性の担任教師の前でも小学生の女子がほとんど裸で身体測定をさせられる、そんなことは今では考えられないでしょう。しかし25年前には全国各地で見られたのです。

4. はれた日は学校をやすんで
西原理恵子が届けた子どもの声

　厳しい校則による管理主義が横行していた1980年代後半に学校で増加していたのは、いじめと不登校でした。1992年、文部省（当時）の研究協力者会議は、不登校は誰にでも起こりうるとしましたが、それまでは親の育て方が悪いからだ、子どもが精神的に弱いからだなどとも言われました。不登校は甘えによるとして、しごきや体罰で鍛え直そうとした「戸塚ヨットスクール」では、子どもが死亡する事件もありました。しかし、同時に、学校に行きたくても行けない、あるいは学校が嫌いという子どもの声に耳を傾け、学校以外に子どもの居場所をつくろうとするおとなたちの動きも各地で生まれ、フリースクールや不登校の子どもを持つ親の会が増えていきました。

　ちょうどそのころ、『小学六年生』（小学館）という雑誌に西原理恵子が「はれた日は学校をやすんで」というマンガを連載していました（1991年2月〜1992年6月連載、西原理恵子『はれた日は学校をやすんで』双葉社、1995年）。今の西原のマンガよりも線が細く柔らかなタッチで、中学に入学したばかりのめぐみの心境が表現されています。中学入学を前にした小学6年生たちは、このマンガをどう受け取ったのでしょう。吹き出しとモノローグのセリフだけを抜粋してみます。

(その1　制服のこと)

　　あたらしい制服がやって来た。／「似あうから着てみてごらんよ」　おかあさんはゆうけれど／　だってみんなと同じだもの。だってみんなと同じだもの。／　これじゃ　おかあさんだって　わたしのこと　みつけられないと　思うわ。／「あら着てみないの？」…(中略)…／　大すきな　わたしのジョンが　よその犬と　おんなじだったら　わたしはとても　かなしいと　思う。／　おかあさんは　そう思わないのかしら。みんなは　そう思わないのかしら。／　おかあさん　わたし　これ　着ないよ。

　中学校は制服があり、スカートの長さやソックスの色が決められていますが、めぐみは、みんな同じにしなければならないのかという疑問を抱くのでした。

　次は、校則にあわせてというわけではないのですが、母親に髪を切るように言われ、それに従ってしまった後悔が描かれます。

(その2　髪を切った日)

　「めぐみちゃん　髪の毛のびたんじゃない」「お金あげるから　あした切ってらっしゃいな」「ね」／おかあさんは　ひどく無神経なことを時々ゆう。／「どうしても切らなきゃいけない？」　この髪はわたしの髪なのに／「切ればもっと　かわいくなるわよ」　どうして勝手に決めてしまうの？／さくさくと音をたてて　今まで私の体だった髪の毛はゆかにおちていく。／どうしていやっていえなかったんだろう。／おかあさんと　けんかになるのが　こわかったから？／おかあさんが　おこるのがいやだったから？／

　「ただいまあ」「あら　おかえりなさい」／「おかあさん」「あのね　おか

あさん」「わたし　髪きるの　きらいよ」「だからもう　きれなんて　いわないでね」／「いえた　いえた。」「どうして　こんな簡単なこと　今までいえなかったの。」／そう思って　きりたての　かみにさわったら　私はすこし　なみだがでた。

　親の言うとおりにしてきた自分から、親に言いたいことが言えるようになった自分へと変わっためぐみを通して、自分の言いたいことを親に言っていいんだよ、西原は卒業間近の6年生にメッセージを送っていたのです。意見表明権というと大げさに聞こえますが、子どもが声を押し殺してしまわないで、おとなに言っていい、子どもが意見を表明し、おとながそれを考慮するということの身近な例を描いています。

　いつも怒っていて生徒から避けられている教師に、パーマをかけたことがばれて、友だちのみきが殴られました。そのときのめぐみの抵抗です。

　（その8　お茶をいれた）
　　先生は　みきひとりを　殴ったんだけど　私達はみんな　自分が殴られた気になっている。私達はこうやって無言で先生をなぐりかえす。先生はさみしくない？　私は先生の事　きらいだけど　さみしいわ。

　めぐみのいちばんの友だちのみかは、家族との関係がうまくいかず、家がいやですが、学校には適応しています。めぐみは、そんなみかに諭されます。

　（その10　みかちゃん）
　　「めぐみはねえ　ワガママなんだよ」「もっと　現実を　ちゃんと　みなよ」「あんたはひとりで　なんにもしようとしないで　学校がいやって

いってるだけ」「そんな事で学校がかわるんなら　もう　とっくに　かわってるよ」「でも　あたし達は　法律で　国で　大人達で」「学校には行かなきゃいけない」「かわるのは」「あたしたちなんだよ」
　みかちゃんのいってる事は正しいと思った。みかちゃんは　とても大人だと思った。私は学校がいやだいやだって言ってるだけで何もしていない／「でも、学校は大きくて　先生は大人で……私達は何も言えないようにかわらなきゃいけないの？」／「あのね　めぐみ　あたし達って　すごくいそがしいのよ」「だからいやな事ばっかり考えんの　よそうよ」……／「学校って　かわらないとこなんだから　考えないで　つきあって　やろうよ」／…(中略)…みかちゃんの言ってることってすごい。私はみかちゃんみたいになれないけどすごい。／　私もあしたから　いそがしくならないと……。／　もし　わたしが　学校だったら　きっとすごく　かなしいと思う。

　西原は、体罰をする教師や、子どもに嫌だと思われている学校にたいして、怒りではなく、哀れみを表現しています。さみしくてかなしいのは、体罰教師を恐れる子どもや、学校を嫌だという子どものほうではなく、そう思わせている教師や学校なのですよと子どもたちに伝えたのです。そしておとなには、学校に行きながらも複雑な思いを抱えているめぐみをとおして、子どもたちのつぶやくような声に耳を傾けようと呼びかけるのでした。

　「子どもの権利条約」を4月に批准(5月発効)した1994年には、いじめを苦にしたとみられる子どもの自殺が相次ぎました。とくに長文の遺書を残した大河内清輝君の事件は、大きな社会的関心を呼び起こし、1995年度から中学校にスクールカウンセラーが配置される一つの契機になりました。一般の教員にも「カウンセリングマインド」が要求され、それについての解釈や評価は

さまざまだとしても、ていねいに子どもの声を聞こうとする人々が少しずつ増えていきました。1997年に神戸市須磨区で14歳の少年による連続殺傷事件が起こったときも、新聞やテレビの報道番組では「14歳の声」が特集されました。NHKではその後、「10代しゃべり場」という番組がつくられ、予断を持たずに子どものことは子どもに聞いて、大人も子どもといっしょに考えようとしました。その後、小学校の「学級崩壊」や「学力論争」を経て、学校教育では再び「規律」と「学力」による管理が重視されるようになってきていますが、子ども権利条例など、地域のさまざまな施策に子どもの参画を重視する自治体もわずかですが増えています。2011年に起きた東日本大震災では、地域の復興ビジョンに多くの中学生や高校生の参加がありました。また、放射能汚染とのたたかいが続く福島からの自分たちの声を聞いてほしいと演劇で発信した高校生の活動もありました。

5. 福島の高校生の声を聞いてほしい

　2011年4月に福島県立相馬高校に入学した放送局の女子生徒たちが、震災、津波、原発事故について自分たちの不安、悲しみ、怒りを脚本にした演劇「今伝えたいこと（仮）」を、2012年3月から約1年間にわたって各地で上演してきました。2011年度の相馬高校1年生6名は、中学の卒業式があった3月11日に大地震と津波を経験し、その翌日の1号機の水素爆発に始まる福島原発事故から避難し、放射能汚染の不安と混乱の中で、わずかに30キロ圏外にあった高校に入学しました。そして入学から半年が過ぎた頃、あの日どんな体験をしたか、今どのような不安や疑問を持っているか、語りあい、脚本をつくったのです。(「演劇台本　今伝えたいこと（仮）」『科学』岩波書店、2012年3月号)

　この作品は3幕構成で、舞台に登場するのは女子高生の望美、桜、麻希の3人です。

第1幕では、何事もなかったようにはしゃいでいて元気に見える高校生の間で、たとえ震災や原発事故に話が及んだとしても、道路や鉄道などのインフラ整備など復興の遅れについてであって、一人ひとりが抱えている不安や怒りは語られません。「おふざけキャラ」の望美は「絶望」を抱えていますが、表に出さないのです。ただ1幕の最後に、一人教室に残った望美が「もう嫌だっ……ここにいることも……」というつぶやきだけが「絶望」を暗示します。望美は、苦しさを抱え込んだまま、明るく振る舞って生きている人びとを象徴しています。そして放課後の教室の喧噪は、本当は被災の状況はどうだったのか、お互いに聞きあうことのできないで表面的な話題で盛り上がろうとする日常を表しています。

　第2幕では、望美が自殺したことから始まり、それをめぐって、麻希と桜が語りあいます。望美の自殺は、第1幕では蓋をしていた麻希の怒りの叫びを引き出します。「原発のせいで」「原発さえなければ」と言う麻希に、「でも原発のおかげでこれまでやってこれたのもあるんじゃないかな」と桜が言います。それに対して麻希は、リスクと引き替えに地域が潤ってきたけれど、「でも考えてみればそれって、私たちの世代が決めたことじゃないよね？」と問い返します。さらに2011年12月に野田首相（当時）が原発事故収束宣言が出したことについて、「国のお偉いさんたちは『収束しました』の1点張りしているけど、私たちの中では終わってないよ……」と自分たちの思いとは裏腹の政治判断への疑問を呈します。そして客席に向かって叫びます。

　「だれかお願いです！　私の話を聞いてください！！　子供の訴えを無視しないでください。今ある現状を忘れないでください！　望美のように死ぬほど苦しんでいる人がいることを忘れないでください！　ねぇ？　ねぇ？　私の目を見て答えてよ！」

　「桜、ほらね　ここでどんなに叫んでも結局届かないんだよ。だれも聞いてくれないし、聞いてくれても忘れ去られていくんだよ」

このように、強く訴えてもだれも自分たちの声を聞いてくれないと絶望する麻希の傍らにいる桜は、「それは違うと思うよ」と麻希とは異なる立場を示します。
「確かにこんなに叫んでも周りの人たちには届かないかもしれないよ？　みんな忘れてっちゃうかもしれないよ？　でも全部が全部、そういう人達じゃないでしょ？　忘れないで私達のように重く受け止めてくれる人だっているよ。それにここから生きていくのは私たちなんだよ。だからこそ、今私達が伝えなきゃいけないんだよ。絶望とかに負けちゃ駄目なんだよ。」
　絶望する麻希と、そうした中でも希望を見いだし、がんばろうとする桜。麻希と桜の言い合いは、一人の同じ人間の中の葛藤でもあります。頑張ろうとしてもがんばれない。信じたいけれど、信じられない。大丈夫だと言い聞かせながら、同時に不安でたまらない。原発事故後の放射能汚染と向きあいながら、どう生きていけるのか。福島県内の浜通りや中通りなどにとどまり、生きている人びとが抱えている葛藤を、麻希と桜の対立するセリフが表現しています。
　そして第3幕では、死んでしまった望美が登場し、相馬に津波で亡くなった458人の次に自分は入るかと問いかけます。原発事故では一人も死んでいないという閣僚の発言があったように、宮城、岩手に比べて福島で格段と増えていく震災関連死、とりわけ自殺者が忘れられていないかと訴えるのです。
　相馬高校の高校生たちは、演劇に自分たちの訴えを託しました。2012年3月の東京公演一度きりの予定でしたが、それを見た人たちの反響から全国各地で公演するようになりました。そこには彼女たちの声を聞こうとする人々がいたからでした。麻希の「子供の訴えを無視しないでください」という声に向きあおうとする人びとは、25年間で確実に増えてきていました。

6. 性的マイノリティの子どもたちの権利

　LGBT（レズビアン・ゲイ・バイセクシュアル・トランスジェンダー）とよばれる性

的マイノリティの子どもたちの権利と教育もようやく社会的課題になってきました。2015年4月30日、文部科学省は「性同一性障害に係る児童生徒に対するきめ細かな対応の実施等について」という通知を出しました。当初、同性愛も含めた性的マイノリティの子どもたち全般に言及すると期待されていましたが、「性同一性障害」に限定されてしまいました。しかし教職員が悩みや不安を抱える児童生徒の良き理解者となるよう努める対象には、「性同一性障害に係る児童生徒だけでなく、『性的マイノリティ』とされる児童生徒全般」が含まれました。ＬＧＢＴは20人に一人の割合で存在すると言われます。自分の体の性と心の性が一致せず性別違和を持つトランスジェンダーの子どもは、必ずしも性同一性障害と診断されるわけではありませんが、自分の性自認と他者からの認識が異なるために苦悩します。また学校でも「異性に好意を抱くのは自然」と教えられると、同性愛かもしれないと思い始めた子どもは自分は不自然で異常なのではないかと思います。そして周囲からの無理解によるからかいや差別だけでなく、自分で自分を受け入れられずに、不登校になったり自死念慮を抱いたりしてしまいます。そうした子どもたちが自分を肯定し、自分を表現できるようにするためには、当事者も非当事者もみんなが学校で性の多様性について学習することが必要なのです。

　多様な性の子どもたちのそれぞれの権利が尊重される教育の場として、学校教育はあらたな教育実践を探り始めるでしょう。もちろん教育は学校だけの独占物ではありません。社会や家庭でおこなわれる教育も含めて、子ども一人ひとりが尊重される教育の民主主義をつくりだそうとする人びとが、在日外国人の子どもたちなど、さらに多様な子どもたちの声に耳を傾けていかなければならないでしょう。そして多様な存在を認め合う経験をつみながら、子どもたちは民主主義を創造する担い手となるでしょう。

学校をめぐる「抑圧」と「民主主義」

久冨善之（一橋大学名誉教授）

　この社会では、ほとんどだれもが一定年齢の間に学校という制度・場での学習・活動・生活を体験します。その体験内容には個人差は大きいでしょうが、それが家族・市民社会に比べてやや堅苦しい面は確かにあります。同時に、他ではそんなにないような親しい友人関係や共同的集団活動も体験します。

　学校という制度・場にこのような抑圧性と民主性（＝民主的性格）とが重なってあるのはどうしてでしょうか。そのことを、この制度が元来どうして人類史に登場し、また社会的にどう定着したのかという文脈から理解し、戦後70年の現代日本において「学校の民主主義」を考えようというのが本章の課題です。

1. 皆学制の近代学校が19世紀に登場した

　学校の歴史は紀元前に始まると言われています[1]。しかしそれは学校の前史です。というのはその時代に「文字の読み書き能力（リテラシー）」を必要とした社会の支配者と知識人という一部社会層が学校をも独占していたからです。「いまのような学校＝社会の子どもみんなが通うのが原則の皆学制近代学校」は19世紀に登場しました。

　そこでは、「市民革命」「産業革命」という二つの革命に象徴される17〜19世紀の欧米先進諸国での政治的・経済的・社会的変化が近代学校登場の背景となりました。

①近代国民国家は近代学校を求めた

　国王の権威や力に依拠しない市民革命後の国民国家は、国民多数が「この国は自分たちの国だ」という「国家意識＝国民意識」を持つことがその存立・統一に必須です。そこでは国家語による言語的統一が重視され、皆学制学校を通じて「国家語を教え、国家語で教える」、「歴史・地理教科や学校行事を通し国家アイデンティティを形成する」ことが重要となります。近代国家の形成はどこでも「国家・国民意識形成」を目標とする皆学制近代学校の確立努力をともなっています。

②近代産業社会が知識と規律の一定水準を求めた

　大工業が主導する近代産業社会は、高度な分業・協業関係を職場内・外に必要とします。そこで労働者たちに分業・協業の円滑な進行を支える規律と共通知識のレベルが必要となります。またより高度な分業を担う一部専門職層とその専門知識も必要です。近代学校制度は、一方で学ぶ者だれにも共通の知識・規律レベルの養成を図り、他方でそれを「普通教育」とし将来どの分野の専門的知識・技術を学ぶにも基礎となる「段階的な学校体系」に構成されました。共通と段階とのセットを通じて、近代学校は近代産業社会の労働能力要請に応えたのです。

③近代社会の「業績主義」に適合する教育制度

　前近代社会は「属性主義原理（生まれ、身分、家柄、人種・民族、性別などの属性で人を評価し処遇）」ですが、近代社会は「業績主義原理（身につけた能力とその発揮で人を評価し処遇）」に立ちます。

　この近代業績主義に皆学制近代学校は適合しています。その社会に誕生した子どもたちが一定年齢で皆入学して同じ教科・内容を学ぶので平等主義的です。また学校には教えた知識の習得の程度を絶えず評価する仕組みがあり、

同時に皆学制初等教育から一部の者が進学する中等教育、高等教育に進学するには一定以上の「学校知識習得レベル」が要求されます。学校体系じしんがじつに業績主義的です[2]。「業績主義原理」を通じた近代社会と近代学校とのこの適合によって、近代学校体系は「学校知識の習得レベル」を基準に、子ども・若者の進学や職業的進路を「公正」に分配して振り分ける有力な「人材配分機構＝諸職業への通路」となりました。

2. 近代学校制度とその業績主義原理・生活秩序が持つ民主性と抑圧性

　皆学制近代学校は二つの意味で基本的な民主的性格を歴史的にもっています。一つは数千年続いたリテラシー（＝読み書き能力）の所有／非所有をめぐる社会内の文化的亀裂を克服する民主性です。もう一つは属性で人を評価・処遇する差別的判断を、能力とその発揮というより平等な業績主義人間評価・処遇へと転換する進歩性・民主性です。しかしそこには同時に、次に挙げるような特有の抑圧性もはらまれています。

①業績主義は抑圧的に学習習得を迫る

　人を能力とその発揮程度で評価・処遇する業績主義は、各人の業績の差で社会内の威信と処遇の異なるさまざまの地位へ分配する点で、結果的に不平等を生む原理でもあります。振り分けで生じる〈結果として不平等〉を「やむを得ないもの」として納得させる「正統化」という役割も果たしています。したがって、そのような原理が貫徹する場で学び活動し生活する子どもたちにとっては、学校は競争的で緊張度の高い抑圧的な制度・場であることになります。

　じっさい「学校知識（学校で子どもが学ぶべきとされる知識）」は、「カリキュラム＝教科区分と順序とをもった課題の体系」となっています。また習得程度

の点検・評価が、「学業成績」・「テスト成績」として卒業後の進路とつながることを通して「学ぶべき＝規範化」の社会的保証を得ながら習得を迫ります。学習意欲があるとは限らない学習者たちに、その習得を迫るという意味でも学習の場を抑圧的にしているのです。

②学校生活は堅苦しい秩序を持つ

　学校にはその教育展開のために「モノ」「カネ」「ヒト」を始め、さまざまの要素が重なり結びつきながら集中しています。学校の集中性は高いのが特徴です。たとえば週日のある時間帯に毎日いっせいに集まって活動する人間の数・密度が高いし、「遅刻」「中抜け」を嫌い、いったん登校すると放課までキャンパスに囲い込みます。また一度入学すると、卒業か中退するまでは休日・休業日以外に毎日登校するのが決まりです。学校の集中性は、そこで学ぶ子どもたちを諸要素が取り囲むような閉鎖的集中性で、それが子どもたちにとっての教育・学習環境となり、その囲みの中で多数の子どもたちの諸活動がなされているわけです。

　学校は多くの要素が重なりつながって集中するので、そこに整然とした秩序がなければ運営できません。したがってそこを場として生活する子どもたちにとって、時間・空間・集団構成などの「生活秩序」は、かれらの行動選択の自由を大幅に制約するかなり堅苦しい姿になっています。こうした学校に特徴的な整然とした「生活秩序」は「学校知識の習得」過程が知的緊張を保って展開する基盤となっています。

3.　就学者を惹きつける学校制度原理の組み換えで、20世紀に地球上に広がる

　しかし、学習が競争的・強迫的で、生活も抑圧的で堅苦しいのでは、学校は（そこで「良い成績を挙げて社会的地位上昇を果たそう」という目標を自覚し実現する

一部の者を除けば）大部分の子どもたちにとって「ぜひとも行きたい」という場にはなりません。そういう庶民の子どもが就学・通学して国民意識と知識・規律を身につけることが皆学制近代学校が成立した根拠ですから、かれらが学校に来てくれないのではまずいのです。そこで庶民の子どもを惹きつけるような学校制度原理の組み換えがなされました。

①等級制から年齢・学年制への学級構成原理の変更

　英国で生まれたベル・ランカスター方式の学校も、日本に導入された「学制」も、「等級制」という学級構成でした。つまり入学時点で試験を行い、年齢と関係なく「カリキュラム履修能力」によって上下等級のある学級に所属する形です[3]。しかしこれでは、成績の優れない子どもたちは下位等級の学級に留められて学習意欲はわかず、学校が学習面での成果を十分挙げることができませんでした。それで19世紀末葉に向けてはどの国でも、年齢を学級構成の基本原理とする「学年制」へと組み替えました。日本でも1886（明治19）年の小学校令改正で「満6歳から4年間の尋常小学校」を義務教育とする学年制となりました。

　学校には業績主義原理が貫いていますが、学年制は年齢原理が一見業績原理を上回るかのように思わせます。英国の教育社会学者B.バーンスティンは「学校内の年齢集団は、年長から順に異なる処遇と特権を与えられる。かくして年齢集団は、ヒエラルキーをなして配置される水平的連帯の各隊を形成する[4]」と述べています。学年原理はカリキュラム履修レベルだけでなく、児童・生徒会や学校行事での役員・役割配分の姿でもあります。学年・年齢の水平的連帯と特権付与は、学業の出来／不出来を越え子どもたちに達成感や自己肯定感をもたらします[5]。それは「国民意識」の形成・共有にも寄与しましたが、同時にまた、同学年の生徒間関係に競争的だけではない「共同と連帯」への志向をもたらす制度原理の組み換えでした。

②教科外活動の組み込みと組織化が進む

　教科学習が子どもにとって興味深くて意欲が湧くのであればこれに越したことはありませんが、学校では自分の得意や興味に関係なく次々と教科・カリキュラムが展開するので、そのどれもが面白いとは行かないことは誰でも学校体験で実感します。その上に生活秩序が堅苦しいのでは学校生活には楽しみがありません。じっさい20世紀初頭の日本の中等学校では、学校秩序に反抗する「学校紛擾（生徒のストライキ）」が頻発しています[6]。

　日本にかぎらず19世紀末〜20世紀には学校教育カリキュラムに「教科外活動」領域が確立し、児童・生徒の自治活動、文化・スポーツの集団活動、行事活動などが次々と広がり盛んになりました。学業不得意の子どもも活躍できる学校の姿です。「学校は勉強だけする場ではない」という新しい学校像がそこに成立したのです。

　教科外活動は、①の学年制における水平的連帯と特権付与がその効果を発揮できる領域でもあります。①・②の学校制度原理の変換・拡張は、皆学制近代学校という制度が民衆生活と子ども世界に定着するのを大いに助け、20世紀が「学校の世紀」と言われるほどに地球上に学校が広がるのに寄与したと考えられます。

4. 子どもたちの必要・要求に応える教師の実践的とり組み

　学校制度の主要な担い手は教師たちです。学校教師は、近代学校に大量に雇用された教える人びとです。教師たちは、直接には学校制度から、間接には近代学校を成立させた社会から多くの期待が寄せられ、教師たちはそれら制度的社会的期待に応えることが求められました。学校カリキュラムが具現する知識・規範のレベルを子どもたちに獲得させることは、学校の中心的担い手である教師たちの責任となったわけです。

しかし同時に教師は、毎日・毎時間、何十人かの子どもたちと関係を結びながらその仕事を進めますので、ただ制度・社会からの期待にだけ応える指向ではすまない面があります。教える行為は結局学習者の側が習得してくれなければほんとうには達成されないものなので、教師は目の前にいる子どもたちが示す反応、そこに表現される子どもたちのリアルが状況、かれらの必要・要求にも応える（response）ことが求められます。学んでいる子どもたちの状況を把握しその必要・要求に応答することによってこそ、教師の教えるという仕事はその責任（responsibility）を果たすことになります。子どもたちとの間にこうした応答関係があるので、教師層の間に「この子たちが直面する状況に応える働きかけをして行こう」、「子どもがより成長・発達できるような教育のあり方を工夫しよう」といういわゆる〈教育実践〉への指向が生まれて来る必然性があります。前節で述べた学校制度原理の組み換え・拡張も担い手なしに達成されたわけでなく、子どもたちを学校教育・学校生活に惹きつけようと指向した教師たちの個人的・集団的努力の介在がそこにあったと考えられます。

　教師は、学校制度の要請を背負って子どもたちの前に立つという意味では、管理的・抑圧的になりやすい面があります。と同時に、子どもたちとの応答のなかでの実践指向を通じて、学校教育活動を民主主義へと開く焦点にも立っているが教師です。

　教師たちがもつこうした個人的・集団的な「実践性」は、学校知識と学校生活秩序が子どもにもたらす日常における実際を、圧迫に満ちた抑圧的性格から、連帯や共同へと開く民主主義的な性格へと転換させる上での重要な契機だったと考えられます。

5．日本の戦後史のなかでの学校の制度と場の性格変化

　以上のような学校制度・場（教師を含む）が持つ「二重性（抑圧性と民主性）」が

戦後日本の教育70年ではどう展開し、そこに性格変化が起こったかでしょうか。

（1）戦後日本教育の4期区分

表1　戦後日本の時代・社会・教育の4期区分

期		I	II	III	IV
年代		1945年〜1950年代後半	1960年前後〜1970年代半ば	1970年代半ば〜1990年代初頭	1990年代半ば〜今日
時代と社会		戦後窮乏から経済復興へ	高度経済成長巨大人口移動	企業社会の確立からバブル経済へ	バブル崩壊・新自由主義の支配と格差拡大
進学率	高校へ	40%〜50%台	58%→90%	90%台前半停滞	90%台後半
	大学へ	10%	10%→38%	30%台後半停滞	40%→60%
学校での競争の性格		戦後復興期の「抑制された競争」	高度経済成長期の「開かれた競争」	日本型企業社会下の「閉じられた競争」	新自由主義支配下の「階層化した競争」[7]
中学校長期欠席	長欠率	4%→1.5%	1.5%→0.5%	0.5%→1.5%	1.5%→4%
	長欠性格	貧困長欠とその減少	中学校通学の常態化	不登校の増加	不登校の激増・高止り
子どもにとっての学校性格（開放・抑圧のバランス）		「開放と民主主義」の優勢		「閉鎖と抑圧」の優勢	
教師の教育実践の成立をめぐる条件		教育実践の黄金時代	能力主義への巻き込まれ	「競争の教育」の確立	「新自由主義支配」と、民主主義との対抗

　［表1］は高校・大学への進学率と、中学校の長期欠席率との変化を主な指標とした「戦後日本教育4期区分」です。

　第I期（戦後改革〜1950年代後半）は戦後改革と経済復興の時代で、進学率は低く、中学長欠率が高い状態から急減した時代でした。

　第II期（1960年〜70年代半ば）は高度経済成長期で、高校・大学への進学率は急増し、学校・学歴への期待が諸階層に広まりました。中学校長欠率も70年代半ばに0.5%と最低にまで下がりました。

第Ⅲ期（1970年代半ば〜90年代初頭）は日本型企業社会の確立期で、世界的不況のなか日本経済は安定成長で経済大国にのし上がりバブル経済に至りました。その時期は進学率が政策的に抑えられ、大量の高卒若年労働力が拡大する日本経済を支えました。

　第Ⅳ期（1990年代半ば〜今日）はバブル経済崩壊後に、新自由主義が日本を支配する時代です。非正規雇用と格差の拡大がこの時期を特徴づけています。

　以下では、この4期において学校制度・場が子どもたちに対して持った「開放と抑圧」のバランス変化と、教師の教育実践指向の成立条件変化とについて考察します。

（2）「開放」優勢から「抑圧」優勢へのバランス交替

　学校制度は2節・3節で述べたように民主性・共同性を持ちますが、それと関連していくつかの開放的性格を持っています。たとえば以下の4点です[8]。

　①家族・地域での過酷な児童労働から貧しい家の子どもを開放する面
　②学校知識の習得が、子どもたちに知的・文化的に新たな世界を開く面
　③学校卒業・進学が子ども・若者にもたらす職業進路での開放の面
　④同年齢・同学年に他ではあまりない親密な友人関係が生じる開放性

　このように学校制度・場は子どもにとって間違いなく民主性と開放性をもっています。

　しかし2節後半に述べたように学校の業績主義原理と生活秩序は同時に強い閉鎖性と抑圧性とを持っています。その意味では［民主・開放⇔閉鎖・抑圧］は、両面がそれぞれの時代にあるバランスの下にあるとも言えるでしょう。

　[表1]で言えば、戦後日本が貧しさから抜け出そうとしていた第Ⅰ期・Ⅱ期（＝前期戦後）には、学校への通学・進学が民衆とその子どもたちには希望であるという面が強く、その意味でバランスが［民主・開放］の側に傾いていたと言えます。じっさい第Ⅱ期の末において中学校長欠率も不登校率も最低レベ

ルまで下がりました。

　ところが第Ⅲ期・Ⅳ期（＝後期戦後）では事態が反転しています。先の4点は、
①家族・地域の児童労働は消え、逆に学校での勉強が「児童神経労働」的になる[9]
②競争激化の点数を取るための勉強では学習の文化的意味が見えず世界を開かない
③進学率の飽和状態が進学の経済的価値を低下させ、それでも進学しないと「脱落」の烙印を受けるため、積極的意欲を持たない不本意進学が増える
④同年齢学級集団が「いじめ・いじめられ」関係がはびこる場・土壌になる
　というように反転したと考えられます。後期戦後の学校は子どもたちにとって希望であるより、脱落しないためにやむなく通学・進学する場所となり、その意味で［閉鎖・抑圧］が優勢な場となったと考えます。じっさい不登校は激増・高止まりしています。

（3）教師の実践性の成立・実現をめぐる対抗関係をめぐって

　教師の教育実践の条件に関しては［表1］に見るように、第Ⅰ期が教育への国家統制が例外的弱く、学校と教師が「平和・人権・民主主義」を目標とする社会像・人間像の点で子ども・家族・地域に対する先進性を持てた「教育実践の黄金時代」と言えます。

　第Ⅱ期は「国家の教育統制」と「能力主義」が次第に学校教育活動に浸透しました。

　第Ⅲ期は「競争の教育」確立で教育実践指向がますます圧迫されたと思われます。

　第Ⅳ期は、新自由主義が学校と教師を直接ターゲットとする「改革」を進め、子どもと家族生活の格差拡大も進んだので、片方では抑圧・圧迫がいっそう強まってきます。同時にそんなにもひどい状況を「これは何かがおかしい」

「変革しなければ」「この子どもたちの状況に応えよう」という本物の民主主義的・実践的指向も高まります。そこでは、教師たちの教育実践指向はその対抗関係のなかにあるということになります。

6. 民主主義の場としての学校

　学校と教師がいまの日本で戦後第Ⅰ期のような黄金時代（＝学校関係者のなかで教師が特権的に信頼される状況）を回復できるとは思えません。5節の第Ⅳ期でのべた「対抗」のなかで、私たちは学校のどこに民主主義への可能性を見出せるでしょうか。
　新自由主義は多国籍大資本の利潤の最大化のために、国家制度・政策を動員して他のあらゆる層を収奪しその生活を破壊する支配体制です[10]。だとすればそれへの対抗のためには、その支配に苦しむあらゆる層・立場の人びとが、新自由主義イデオロギーの核である「自己責任」論をもって自分や他者の困難を見ないことが大切です。逆に、その困難の背後にそれを生み出す社会的支配の現実があることを共通認識し、お互いの困難・苦悩に共感するという、まさに民主主義の原点となるような人びと相互の交流・活動を通じて、そこに連帯と共同の場を創り出すことが確実な対抗となります。
　その意味での対抗構図は、今日の学校に関しても同様でしょう。つまり学校の主要な当事者である子どもたち・教師たち・親たちは、だれもが新自由主義支配に苦しめられて各々の困難のなかにいます。そこに相互の困難を語り・聴きあうことで「自己責任」論ではなくむしろ共通認識をもって共感的に交流する場を形成できれば、学校は民主主義な関係と体験を生み出す場となるでしょう。そこで民主主義を体験するのは、教師・親という大人たちだけではありません。2〜5節で述べたように学校という制度・場には子どもたちにとって民主的性格があります。それを生かすことができれば子どもたちも教科学

習、教科外活動、教師・生徒関係、生徒間関係といった場面で民主主義を体験する可能性が大きく開けます。この民主的学校づくりを進めるのは学校当事者たちですが、そのキーポジションの位置には4節で述べた「教師の実践性」があると思います。

　学校は子どもにとっても親にとっても社会にとっても極めて大切な教育という活動を進める場であるからこそ、「学校が民主主義の場となる」可能性がそこに存在しますし、またその点で「教師の実践性」が生きる空間が開かれていると考えます。

<注記>
（1）梅根悟『世界教育史』（光文社、1955年）を参照
（2）とは言っても、高額の授業料を要する私立学校が公立学校とは別に特権的なコースになる場合や、「中等学校以上は男女別学が当たり前の時代もあった」など、近代学校の業績主義にはつねに属性主義が浸透する余地があります。
（3）近代学校の成立当初、子どもの履修能力を基準に「等級制」という学習集団編成が試みられました。ベル・ランカスター方式の学校については柳治男『＜学級＞の歴史学』（講談社、2005年）を参照。日本の「学制」も当初「下等小学」「上等小学」に各1〜8級で、途中の初等1〜6級、中等1〜6級、上等1〜4級といった編成を経た後に、「同一年齢」学年原理の学級編成となりました。
（4）B．バーンスティン『＜教育＞の社会学理論』久冨他訳（法政大学出版局、2000年）p.26 より。
（5）たとえば近年の「小中一貫校」をめぐる議論で、6・3制のほうが小5・6年の自己肯定感が全般的に高いことが注目されています（藤田英典『安倍「教育改革」はなぜ問題か』岩波書店、2014年など）。それは年齢・学年制の学級集団構成がもたらす「高学年の達成感効果」と言えるでしょう。
（6）学校紛擾は日本教育史上有名ですが、最近の研究として斉藤利彦編『学校文化の史的探求』（東京大学出版会、2015年）を参照。
（7）「階層化した競争」という用語とその特徴づけは、小澤浩論文「六・三・三制の再編と「階層化した競争の誕生」」（中内敏夫・小野征夫編『人間形成論の視野』大月書店、2004年）に学んで借用しました。
（8）学校の4つの開放的性格については、久冨「「学級」という集団構造と「いじめ」問題」（『＜教育と社会＞研究』No.18、2008年）でやや詳しく論じました。
（9）中内敏夫「「児童労働」の時代」（同編『企業社会と偏差値』藤原書店、1994年）を参照。
（10）新自由主義の本質についてはD．ハーヴェイ『新自由主義』（渡辺治監訳、作品社、2007年）参照。

一年生と生きる

大江未来（公立小学校教諭）

1．「うんち」からスタート

　「うんち！」と一年生の岳さんが叫びます。集団下校の出発間際に。入学から3日。入学式後は、家族と帰り、2日目はどの学年も3時間目で下校だったので、お兄ちゃんと帰りました。今日は、教師が引率して、初めて一年生だけで帰る日です。

　入学したての1年生は、自分一人で下校することが難しいので、下校の方向にグループをつくり、教師が引率して帰ります。1週間程度かけて、一人で帰れるように練習するのです。

　「うんち！」と叫んだ岳さんは、ランドセルも手提げ袋も放り出してトイレに立てこもってしまいました。しかし、下校時刻を遅らせることはできません。学年中の家庭が心配することになるからです。私も、子どもを引率して出発しなければなりません。入学直後の一年生なので、「職員室に行って先生よんできて」と頼むこともできません。携帯電話で職員室に電話をかけて、ちょうど専科の授業で手の空いていた5年生の先生に来てもらいました。

　集団下校は岳さんをトイレに残したまま出発しました。岳さんのお母さんは、集団下校の解散場所まで迎えに来ていました。私は「お母さん、岳さんは学校を出るときお腹が痛くなったので、まだ学校にいます」と伝えました。とたんにお母さんの顔が曇ります。お母さんといっしょに学校まで帰りながら「きょうは、鉛筆の持ち方をがんばりましたよ」などと話しましたが、母の関

心は「なぜわが子は、みんなと一緒の行動ができなかったのか」の一点にありました。「明日はトイレに行かせないでください。あの子は、トイレに行くというのがクセになっていますが、出ないんです」と、そのことを言いつづけます。

　学校に着くと、岳さんがトイレから出るところで「お尻が汚いから拭いてちょうだい」と言っていました。お母さんは「大丈夫よ、岳。お母さんが来たからね」とトイレに入りお尻を拭きました。そして「岳、うんちがしたくなってもすぐには出ないからがまんしなさい。みんなといっしょに帰らなくてはダメ」と繰り返し言います。私にも「うんちと言っても、行かさないでください」と抗議するように激しく言います。私は「『トイレに行かさない』なんて約束できません。みんなの前でうんちを失敗したら、それこそかわいそうでしょう」とできるだけ穏やかな声で答えました。お母さんは納得していないようでしたが、話はそれで終わりました。岳さんは、お母さんと手をつないで、下を向いてメソメソと泣いています。「泣かないのよ、岳。変な子と思われるでしょう。顔を拭いてあげるから、泣くのはやめなさい」とお母さんが言うと、泣き止んで手を引かれて帰っていきました。

　岳さんは、幼稚園からの引継ぎで知的障害があると聞いていました。ところが、両親が入学前にそろって学校に来て、「幼稚園の先生から、保育士の人数を増やしたいので、岳を対象児にしたいと言われた。市の療育施設に連れて行くと、岳はすごく緊張して一言もしゃべれなかったので、知恵遅れだと言われた。でも、岳は、普段の幼稚園ではみんなといっしょにしゃべるし、遊ぶし、普通の子。先生の話もよく聞いている。迷惑もかけない。むしろ他の子が先生の指示に従わずに暴れていたので、増えた保育士の先生は、そちらの対応をされていた。うちの子は、暴れる子の対策のために、犠牲にされた」と言い「小学校ではほかの子と変わりなく扱ってほしい。目立った支援は、いじめの対象になるので、やめてほしい」と申し入れがありました。

入学式で初めて会った岳さんは、色白で猫背、よく見ると可愛い顔立ちなのですが、表情が少ないせいかやや「のっぺらぼう」のように見えます。緊張しているというより、ただひたすら困惑しているように見えました。なぜ、ここにいるのか理解できないという風情です。名前をよばれてもうつむいて黙っています。入学から3日目の「うんち！」の叫びで、私は、初めて岳さんの声を聞いたような気がしました。
　翌日の「うんち！」は、眼科検診のときでした。眼科検診も時刻を遅らせるわけにはいきません。岳さんのトイレは教頭先生に対応してもらい、学級のほかの子どもたちは検診を済ませ、岳さんは最後に検診を受けました。
　初めて体育館に行くとき、体操服に着替えるとき、2年生と学校探検に行くとき、何かが始まろうとするタイミングで、岳さんは「うんち！」と叫びました。学級は、そのたびに動きを止めなくてはなりません。しかし、私はさまざまな活動の段取りが乱れても「うんち！」を大切にしようと考えました。「うんち！」だけが岳さんの唯一の言葉だったからです。いいとか悪いとか、周囲の反応がどうとか、お母さんが嫌がるとか、そういう外的な問題ではなく、岳さんが私に言う言葉をそのままに受け止めるところからしか、私と岳さんの関係も、岳さんの学校生活も始まらないように思いました。そのうち岳さんは、私にウンチの硬さと色の話をしてくれるようになりました。「きょうは、硬いです」「黄色いです」「黒いです」そのたびに私は便器をのぞいて「なるほどね。きょうもいいウンチですね」と言いました。岳さんは、満足そうにうなずきます。「のっぺらぼう」に目鼻がついたように思いました。私は、お尻の拭き方も教えました。
　しかし、うんちが出ないときは、トイレから出られなくて困っています。そこで岳さんに、「3回がんばって出ないときは、一度トイレから出て、行きたくなったらまた行こうか」と言ってみました。岳さんも「わかった」というので、トイレに入って少し経ってから「岳さん、出た？」と聞きました。「まだまだ」

と返事があったので、また少したってから「2回目だよ、岳さん、出た？」「まだまだ」。そこでまた少し経ってから「3回目だよ、岳さん、出た？」「まだだよ」と返事があったので、「3回聞いたから終わりだよ、出ておいで」と言ってみました。岳さんは「出そうになったら、また来ます」と言いながら出てきました。私は「うんち出なくて、大変だったね。またしたくなったら言ってね」と言いながら、いっしょに手を洗いました。それだけの話なのですが、私は、岳さんが、自分でトイレから出たことがとてもうれしかったし、岳さんも、うんちが出なくてもトイレから出られるようになり安心したようでした。

　こうして岳さんとの関係が始まりました。ところが、岳さんのお母さんは、この私の対応に不安を募らせていました。家庭訪問のときに「あれだけお願いしたのに、先生は岳のうんちを止めないで、学習時間もトイレで過ごさせているそうですね。どうして勉強させてくれないのですか？」と詰め寄られてしまいました。「幼稚園のときは、ウンチなんて言わなかったのに、先生が許すから調子に乗っているのだと思います」とも言われました。私は、国語・生活・道徳のそれぞれの教科の4月最初の目標は、言葉で自分の願いを伝えることになっていることを話しました。最初は「うんち」が学級や学年の活動を妨げるような言葉でしかなかったけれど、今は、私とつながる重要な言葉で、しかも、出ないときは自分からトイレを出られるように成長していることを丁寧に伝えました。私は、岳さんと毎日一生懸命学習していることをわかってほしかったのです。

　それでもお母さんは「つまり、岳だけ普通の子よりスタートラインが後ろってことですね。トイレで学習なんて聞いたことがありません。学年の中で、うんちは岳だけでしょ。岳だけ特別扱いしないでください。ウンチはダメって家でも徹底的に教えますから」とゆずりません。

　話すのがつらくなります。思わず「お母さんは、学校で叫びたくなったことはありませんでしたか？」とたずねました。お母さんは「それは、何百回とあ

りました。でもね、私はがまんしつづけて大学まで通いつづけましたよ。だから岳にもがんばらせたいのです。だって、がまんするしかないでしょう。頭も良くないし、美人でもないし、何とか社会から落ちずに生きていくために必死でした。弱い者はがまんするしかないのです。先生は、強いからがまんするしかない者の気持ちなんてわからないでしょう。甘い言葉で夢を見せたら、がまんできない子になるでしょう。そうなったら、生きていけないでしょう」と言います。これ以上、言葉だけでやり取りしても実りはないと感じたので、「そうですね」と話を終わらせました。

2．子育てを取り巻く環境の変化

　私は、創立130周年を超える小学校で勤務しています。校区は、都市部の閑静な住宅街です。古くからの住民も多く、祖父母・親子三代で小学校に通っている例も少なくありません。持ち家率が高く、転出入が少ない学校ですが、父親の単身赴任率は高いところです。父母ともに高学歴が多く、目に見える貧困は感じにくい、均質で学校文化が浸透しやすい地域です。

　学校の規模は各学年90人程度の3学級で、「落ち着いて」います。以前は、各学年7学級の大規模校でしたが、1980年代に三つの学校に分割されました。

　子どもたちの「学力」は高く、中学受験も盛んです。昨年の6年生は受験する子が半数を超えていました。そして、全員が第一志望ではないにせよ、合格を果たしました。一方で、高学年になるほど、体力テストの点数は悪くなっていきます。

　小学校には、持ち物の細部にいたるまで決まりがあり、「キャラクターのついた筆箱や鉛筆、消しゴムは使いません」と書いてあるので、子どもたちの持ち物は見事に無地です。「ランドセルは6年生まで使いましょう」ともあって、6年生もランドセルを背負っています。

発達困難を抱え、医療機関で診断を受けて療育に通っている子が、各学年に3人以上、多い学年は5人ですが、逆に言えば、早くから療育を受けさせている家庭が多い学校とも言えます。不登校傾向が多いのも特徴の一つです。

　私が担任する一年生は、90人の3学級です。今年は、アレルギー症状でアナフィラキシーショックに備えてエピペン注射を持参している子が5人います。私の学級には2人いて、牛乳、卵、小麦粉がダメ。その中の一人は、牛乳が皮膚についてもアレルギー症状が起こるそうです。教室でみんなと給食を食べるのは無理なので、別室で弁当を食べています。

　眼科検診で、視力が悪い子が30人中11人もいて驚きましたが、耳鼻科検診で鼻炎と診断された子は、学級の半数以上で、子どもたちが可哀想になりました。食べ物や、空気や水といった生命に必要なものにさえ、病的に反応してしまう体を持った子どもがこんなに多くなっている事実に気が重くなります。

　学校の敷地内にある育成センター（市が指定管理者制度で運営している学童保育）には、90人中15人が通っています。そのうえに、今年は、民間学童が増えました。民間学童の一つの売りは、校門へのお迎えで、4ヵ所の民間学童のお迎えの車が、校門に並び、8人の子どもが直接乗り込んで施設に行きます。育成センターの話では、育成センターから民間学童に通う子もいるそうです。民間学童は、料金も内容もさまざまで、平日5日間の利用で、月額5万程度から15万円程度のところまであると聞きます。保育内容は、オプションになっていて、各種のお稽古や学習塾を選べば、また料金が発生します。育成センターと民間学童をダブルで利用している子は、育成で7時まで過ごし、お迎えの車に乗って、民間学童の夜間保育を10時まで利用するそうです。700円程度の料金を払えば、夕食も出してくれます。民間学童に利用者登録しておけば、突然の残業や、職場の飲み会などにも対応できるので、育成センターと民間学童のダブル保育が増えていると聞きました。

子どものランドセルには、校門を出るとお家の人の携帯電話に合図が送られる発信機が取り付けられています。これは鉄道会社の系列企業のメールシステムを、市内全校で取り入れたもので、緊急時のメール配信もできるようになっています。基本のメールシステムは無料ですが、すべての子どもの家庭に送られる一斉メールシステムを企業が管理していることになります。さらに辻々には、見守りボランティアの地域の方も立って下さるので、学校から家に帰る子も、そうそう自由ではありません。

　子どもが、自然に触れ、友だちと自由に過ごす時間が大切だということは自明のことですが、さまざまな大人の都合で、子どもとして自由に生きることがむずかしくなっています。「子どものため」だとしても、侵してはならない領域が自覚できなくなっているのかもしれません。「うんち」まで「私ががまんさせます」という母親に驚いていては、話は進まないのかもしれません。

3．子どもどうしの関わりの中で

　1学期も終わりになると、岳さんは「うんち」と言わなくなりました。少しずつ落ち着いたとお母さんは安心したようでしたが、「うんち」以外はほとんどしゃべらない岳さんだったので、私は岳さんが「のっぺらぼう」に戻ってしまったような気がしました。

　2学期の運動会のダンスの練習が始まると、岳さんは再び「うんち」と叫びました。1学期は、岳さんが「うんち」と叫んでも子どもたちは自分のことに精一杯でしたが、2学期になると次郎さんが「俺もうんち」とさっそく関わってきました。次郎さんと仲良しの三郎さんも「ぼくもうんちです」と言います。次郎さんと三郎さんはともに、ADHDだと診断されている子で、言いだしたら聞きません。とくに次郎さんは、一つのことにこだわるので岳さんが入っているトイレのドアをドンドン叩いて「出てこいやぁ、岳！　俺も出るん

じゃ」などと言います。私が「岳さんが入っているから、2階のトイレに行ったら」と言っても「1年生はこのトイレと決まってるねんぞ。違うトイレに行ったら、怒られる」と聞きません。たしかに細かい決まりの中には、「学年のトイレ」もあったような気がします。上靴がトイレに突っ込まれたなどという事件が起きたときに、状況を把握しやすくするためだと聞いたような気もするのです。私は細かい決まりが覚えられず、たびたびまちがえるので子どもたちが生活指導の先生に直接怒られることもありました。次郎さんは、以前に2階のトイレを使って怒られたのかもしれません。こうなると、私も反論ができません。次郎さんは「さっさと出ろやぁ。漏れるやろ」などと大きな声を出します。私は「あのね、岳さんは優しい声で、出たかい、出たかいって3回聞くと出てくるよ」と教えました。物知りの三郎さんが「3枚のおふだに出てくる小僧さんみたいです」とおもしろがって、「まだかい、まだかい、ぷっぷっぷ」と歌います。トイレは、公共の場所です。二人は岳さんを困らそうとしているわけではありません。対等に要求しているのです。トイレは岳さんが安心して立てこもれる場所ではなくなりました。

　岳さんが、遅れてダンスの練習に出て行くと、ダンスのペアの彩さんが泣いています。「どうしたの」と聞くと、「だって、手をつないで回らなきゃいけないのに、岳ちゃんがいないから、できなかったの」と言います。私は「岳さん、彩さん困ったんだって」と伝えました。彩さんは、泣き虫です。かけっこだって、登り棒だって、男の子に負けない元気な女の子で、学習もしっかりできるので、泣く必要などないはずなのですが、少し困ったことが起こるとほんとうに悲しそうな顔をして涙を流します。一年生の子どもは、切羽詰って泣くのが普通ですが、彩さんは、悲しみを表現して泣きます。女優のような表現力です。彩さんは「岳ちゃんがいないと、私、困るんだよ」と言って岳さんを見つめました。岳さんは、人生で初めて「いないと困る」と言われたのではないでしょうか。普段は受け答えもはっきりしない岳さんが、「うん」とうなず

一年生と生きる

きました。
　岳さんは、運動会の練習に遅れなくなりました。彩さんが岳さんと手をつないで出るからです。一人っ子の彩さんは、岳さんのお世話をするのがうれしくて「岳ちゃん、今のうちにトイレに行くのよ」などと言います。「うんち」と叫ぶ必要もなくなったし、叫べば、次郎さんと三郎さんがついてくるので面倒です。岳さんの体操服は、毎日お母さんが洗濯するので真っ白です。そして、岳さんは動作もゆっくりなので、彩さんの指示に「うん」と素直にうなづく所作が優雅に見えます。やり手のお姫様に見込まれた王子様のようです。彩さんがリードしているのは確かなのですが、岳さんが彩さんを支えているのも事実です。岳さんは彩さんが泣くと「大丈夫」と彩さんの頭をなでます。岳さんが友だちに何かをするのは初めてです。
　朝顔の種取りのとき、勝気な彩さんは、学級で一番たくさん種をとりたくて、焦って手のひらに貯めていた種を落としてしまいました。彩さんは、さめざめと泣きました。それを見て岳さんは、しゃがみこんで、朝顔の種を一粒一粒拾っていきます。土の上なので、見えにくく拾いにくいのですが、丁寧に拾っていきます。そして拾った種を彩さんの手のひらにのせました。彩さんは「こんなにちょっとじゃなかった」と言います。岳さんは、また、しゃがみこんで、種を拾います。岳さんは、怒ったりしません。彩さんのために着実に種を拾います。彩さんが、「もういいよ」と言っても、拾うのです。彩さんはイライラして何回も「もういいって言ってるでしょ」と言います。岳さんはやっとやめました。少し悲しそうな顔をしています。このころになると、私にも、岳さんの表情から感情が読みとれるようになりました。
　岳さんは、朝顔の観察カード一面に茶色い土を描きました。そして、そのうえに黒い小さい種を描きました。授業参観でお母さんはその絵を見て、岳さんに「岳、朝顔の種は実が膨らんで枯れたところから取れたでしょう。種まきの絵ではないでしょう」と言いました。側にいた彩さんは「違うの、彩が種を

落としたから、岳ちゃんが土の上から種を取ってくれたの。岳ちゃん、とってもよく見て、全部拾ってくれたの」と言い、彩さんのお母さんも「彩が岳ちゃんはすごいって喜んでいました。お世話になりました」と口を添えてくれたので、厳しい顔は和らぎましたが、なお「でもね、岳、観察カードだから」と言います。私は「一粒の種からこんなにたくさん種が採れたってよく観察したよね」と言いました。

4. わかり合えなくてもあきらめない

　3学期になって、国語科と生活科の取り組みで「1年間の思い出」を絵日記のようにまとめる取り組みをしました。岳さんは1学期の思い出の1枚に私と手を洗っている絵を描きました。「先生と手を洗いました」と書いてあります。私は、岳さんとよび交してトイレを出て、手を洗った喜びを思い出して、うれしくなりました。岳さんに「この絵は、何の絵？」と聞くと「うんちが、出なかったらトイレから出るんでした」と答えました。私は「そうだよねぇ。そんなことがあったねぇ」と岳さんと笑いました。それを聞いていた次郎さんが「岳は、山あらしやったなぁ」と言います。三郎さんが「『みをまもるどうぶつ』の山あらしは、岳のトイレって言いました」と解説してくれました。私は「そうだった。国語のお勉強したとき、みんな、岳さんみたいって言ったよね」と思い出しました。「てきがくると、せなかのけをさかだててみをまもります」という教科書の文章とトイレにたてこもり、「うんち」攻撃をする岳さんのイメージを重ね合わせる子どもたちの直観におどろいたことを思い出しました。

　岳さんの3学期の絵の1枚は、彩さんとブランコに乗っている絵で、「あやちゃんとブランコにのった。わらってのった」と書いてあります。「のっぺらぼう」だった岳さんが、小学生になって、お友だちと世界に漕ぎ出し始めているように感じて、胸が熱くなります。

しかし、岳さんのお母さんとは、結局わかり合えませんでした。岳さんの成長をともに喜ぶ関係にはなれたと思うのですが、アプローチはまったく逆で、お母さんは「甘いばかりの教師任せにせず、私がんばったから成果が出た」という態度を隠そうとはしませんでした。
　「そうかもしれないなぁ」と私も思います。一人の子どもをめぐって、学校・家庭、教師・親、友だちなどさまざまな関わり合いがあり、そのなかから、子ども自身が考え選びながら自分の人生を生きていくのですから。
　教室の1年のドラマは、深くて豊かです。子どもたちと笑いあった瞬間は、大切なものとして私の中に溜まっていますが、それは私の教師の物語であって、岳さんのお母さんの物語とは違っていて当然です。
　だから「わかり合えなかった」けれど「認め合えた」関係を大切にしようと思います。お互いを「違う」ものとして遠ざけるのではなく、岳さんの成長をともに考えあった関係を大切にしようと思います。すべてをわかり合う美しく感動的な物語をつくりあげるのが民主主義ではない。わかり合えなくてもわかり合おうとすることが、民主主義の根幹なのだと考えるからです。

一年生と生きる

中学生とともにつくる授業・学級・学校

制野俊弘（公立中学校教諭）

1. 彷徨する中学生

　……「自分から生きるのをやめたりする人の気持ちがわかりません」……本当に考えて、悩んで、それで出した結果が「死」なのです。自死する人だってずっと生きていたいのです。……私も自死したいって思う時がたくさんあります。家にもどこにも気持ちの居場所がないから。……いくら友達が多くても、話せる人がいても、「親」に見捨てられてしまっては、もう自分の生きる意味も見つけられません。どうして生まれてきたんだろう、生きてても意味がないんじゃないか、もう消えてしまいたい、そう思うのです。私は毎日考えて、でも、答えがでなくて、とても苦しいのです。泣いて、泣いて、自分を見捨てた親を憎んで、恨んで。でも、答えはない。……いくら、親を憎んでも、意味はないけど、それでも憎んでしまうのです。……

　これは後述する「『命とは何か』を問う授業」の中で出てきたRという女の子の作文です。幼い頃に母親が家を出て行き、それ以来、Rは「自分は母親に捨てられた」と思い込み、自死への願望を持つようになります[1]。
　このような中学生は「居場所探し」どころか、自己の存在そのものを否定します。また、リストカットをはじめ、安全ピンで体の各所に無数の穴を空けてピアスを付けたり、手足にピンを突き刺しインクを流し込んで自前のタ

トゥーを彫ることもあります。また、架空のレイプ事件を仕立て上げ、学校や家族、はては警察まで巻き込みながら「私を見て」サインを出すこともあります。そして、このような子どもたちに同意・共感する層が分厚く存在するのも、また否定できない事実となっています。

　　　私は大好きな母を忘れそうになっています。忘れたくない、そう思っているのに少しずつ消えてしまいます。震災が起きる朝に交わした言葉も、声も顔も動作も。思い出せないことが多くなっています。それがとても怖いです。母が私の中から消えそうで怖いです。……風船をなかなか飛ばせなかったのも「忘れてしまう」と思ったからだと思います。……この間、3年生にとって大切な進路説明会がありました。私は進路説明会があるというお知らせを、父や祖母に渡せませんでした。父は仕事だと知っていましたし、祖母は学校に来るのが大変でしょう。一番後ろの席に座り、「私だけでも大丈夫」と思っていました。けれど、みんな親がきて隣に座る。それを見た瞬間、少しだけ泣いてしまいました。……母に会いたい気持ちが溢れてきます。……甘えることのできる母親がいて、相談できる母親がいて、心配されて、愛されて、成長を見届けてくれる母親がいる家庭。去年の運動会も、今年の運動会でも、精一杯頑張りました。けれど、いつも最後にはぼんやりした何かが残ります。……もしかしたら母親がいないからどこか心にぽっかりと穴があるのかもしれない。母と一緒に喜びたい、褒められたい、そんな願いがあったのかもしれません。……母のことを時間が経つにつれ、忘れてしまうのだったら時間なんて経ってほしくないです。……これが私の本音です。

　これは、震災で母親を亡くしたMという女の子の作文です。母親の死を受け入れられず、苦しい日々を送っていることをだれにも打ち明けられないま

ま、「元気よく」生活していました。そんな彼女が運動会のエンディングの風船をなかなか飛ばせなかった心の内を綴ってきました。

　悲しみの底に沈む子どもや彷徨する子どもの心を支えるためには、学校・教師・仲間たちの「ともに生きる」ことへの覚悟と決意が必要です。そして、それは常に文化や仲間を媒(なかだち)にしながら取り組む必要があります。
　以下では、中学校における授業・学級・学校づくりの視点を提示します。

2. 子どもの生活台を知る

> 　もう春なんだけど……
> 　今日は朝から暖かくブレザーなんかもういらないんじゃないかなぁって感じでした。暖かくなってくるのはいいけど、このごろつかれてるような気がします。部活もこのごろいっぱい動くし。50分授業。それから塾がある日はもうボ〜っとしてることが多いです。ふととなりの人を見るとテキスト進んでて、いそいで自分もやったり。……2年生なんだから、いつもこうだったら大変です。しっかりしなきゃなぁって思うんですけどねぇ。

　次はEという女の子の日記です。4月の何気ない思いを綴ってきました。
　子どもを知るためには子どもの生活している土台＝「生活台」をとらえることが不可欠です。「生活台」とは、子どもの生活の中でもとりわけ目には見えにくいもの、しかし確実に子どもに影響を与えている、生活の「風」のようなものです。子どもは常にこの「風」にさらされ、時に煽られ、時に抗して歩いているのです。やれ「勝ち組だ、負け組だ」、やれ「自己責任だ」というのが現在の代表的な「風」です。
　そのうえで、目に見えるかたちでの格差が存在します。その典型が被災地

における衣食住に現れています。経済的な格差はそのまま復興の格差となって現れ、その重荷を背負った子どもが学級に混在しているのです。要保護家庭の急増とともに、子どもの食生活や住生活はますます窮屈なものになりつつあります。私は、こうした「生活台」を含む子どもの背景にある問題を、日記や作文の中でとらえようと思って実践してきました。

次は、「子育て日記」に綴ってきたある母親の日記です。親の願いが伝わってきます。これもひとつの生活の「風」です。

> 我が家は三人家族です。三人で一つの船を漕いでいます。家族が幸せになれる島まで助け合って漕いで行くのです。三人が同じ方向を向いて漕がなければ船は進みません。だれかが疲れて漕ぐのをやめてしまえば、その場所に汗？涙？が溜まり沈みそうになります。その時は残りの二人が"どうしたの？"と理由を聞きます。そしたら"どうして疲れてしまったのか""何が心配なのか"隠さず全部言うのです。そして"そういう時はこうしたら"とアドバイスしたり、"何か手伝える事はないか"と考え、助けてあげるのです。そしてまたゆっくりとゆっくりと船を漕いで行きます。三人で力を合わせて幸せという島まで。

教育実践を「木」にたとえると、「生活台」を含む子どもの背景にあるものや親の思いを知ることは「根」に相当します。この「根」をしっかりと張ることによって、実践の核がしっかりとしたものになっていきます。

3. つねに「目的」（原点）を問い直す

次に、教育活動の「幹」となるのは、「常に『目的』を問い直す」ということです。「何のために」を問うということは、学校の原点を問い直し、さらに教

育の場での民主主義を実現する第一歩です。実はこれが最初の難関としてあげられます。
　私の中でもとりわけ忘れられない場面があります。津波で被災した学校の統合1年目の運動会での実行委員会の一コマでした。Sという男の子がこう言いました。

> 開校1年目の運動会って、木と一緒じゃない？　俺たちが作るのは幹。後輩が引き継ぎ、いつまでも年輪を重ね、太くなる。その最初をつくるんだよ。

　これに対して、Mが何やらノートに絵を描き始めました。そこには大きい木と小さい木、そして人の絵が描かれています。私は「これは何？」と聞きました。すると彼女はこう答えました。

> ……まず自分たちが小さな木を植える。するとその木はどんどん大きくなります。その木が大きく枝を伸ばせば、その木の下に木陰ができます。そうすれば暑い時にはその木の下の人が集まり、雨が降っても雨宿りで人が集まってきます。運動会ってこの木と同じだと思います。……

　そして、私は「この木陰に集まる人たちってだれ？」と聞くと、彼女はこう言いました。
　「ここに集まっているのは地域の人たちです」[2]
　多忙を極める現場では、常に「事なかれ主義」がはびこりやすい土壌があります。これは教師個人の力量の問題ではなく、教育システム自体の欠陥です。周囲に波紋を広げ、波風を立てることを恐れるあまり、無難な「前年度踏襲」を「善」とする傾向が強まります。当然、独創性の問われる実験的な実践が入り込む余地は限りなく少なくなります。最近の保護者らの「わが子主義」も現

場の「事なかれ主義」を強める要因ともなっています。
　しかし、「常に『目的』を問い直す」ことだけで職員室や学校の雰囲気は一変します。それに加えて「だれのために」が明確になれば、教育活動にひとすじの光が差し込みます。
　私は授業や行事づくりの中で、この「目的」(原点)を問い直すことにかなりの時間を費やします。先の例がそれです。運動会などの行事づくりでは、かなりの時間を費やしてこの「目的」を話し合わせます。
　その中で安易に使われやすい言葉(たとえば、「団結」「協力」「絆」など)を自分の中のNGワードとし、それに伴う形式的な話し合いを避けるようにしています。もちろん子どもたちの意見を最初から否定するわけではなく、「『団結』ってどういう意味?」「『協力』って具体的にどういうことなの?」と、その内実に議論を集中させるようにします。すると「『団結』とは能力にかかわらず、一つの目標に向かって突き進むこと」「『絆』とはだれにも断ち切ることのできない強い結びつき」という言葉が子どもの中から出てきます。
　体育の授業でも同様です。集団器械運動(マット運動と跳び箱運動を組み合わせ、音楽に合わせて構成する集団演技)の実践やルールを一から創り出す「歴史再創造型」のフットボール実践なども、この「何のために」を突き詰める中で、すべての子どもの納得と合意のもと子ども自身がルールを決めていく授業を行っています。
　また、岩手県に伝わる「みかぐら」の実践では、踊り込むにしたがい、それまで押さえ込んでいた〈本当の自分〉を発見していきます。次はSという女の子の作文です[3]。

> 　中学校生活を始めたばかりのころは環境になじめず本当の自分を出せていなかったと思います。しかし、みかぐらを踊りこんでいくうちに、自分を表現することが楽しくなり、私生活でも素の自分を出すことへの抵抗がな

> くなっていきました。おかげで少しずつでしたが友人にありのまま接することができるようになりました。自分を隠していたときの息苦しさもなくなり、「そんなキャラだったっけ？」と言われることも多くなりました。……私は鶏舞よりも荒くずしの方が好きです。……一つの円になってみんなで踊るのは心がつながっているように感じました。鶏舞ではあまり感じませんでした。私は円の一つ一つが社会を表しているように思えました。個性はいろいろあるけど，いつもだれかとつながっている感じでした。……夢中で踊りました。……みかぐらをやっていなかったら知ることのなかった感情、自分を表現する楽しさ，何かに熱中できるすばらしさに気がつかなかったかもしれません。……みかぐらは私を変えるチャンスをくれたものです。

この実践の中でも「みんなで踊ることの意味は何か」「みかぐらには元々どんな意味があるか」を追究しています。そして、子どもの成長する姿から私たちは人間は文化を身につけることでより人間らしく育っていくということを教えられます。

以下では、これらの原則的な立場を踏まえて、具体的な実践として、「〈命とは何か〉を問う授業」を取り上げます。

4．「〈命とは何か〉を問う」授業

（1）文化の学習の基底に「命」の学習を

震災後、私は「文化の学習の基底に『命』の学習を位置づけるべきではないか」という思いを抱いてきました。絶望の淵をやっとこ生きてきた子どもたちの健気な姿を目の当たりにし、被災地再生に向けて「生きる」ために必要な力とは何かを考えました。そして、震災から3年。この思いを実現すべく「《命と

は何か》を問う授業」に取り組みました。

　授業はまず子どもたちが「震災体験」を綴るところから始まります。もちろん綴ることも読むことも強制はしません。以下はその一部です。

　　　僕は震災前も震災後もずっと命のことを考えていました。命について書けることを少しだけうれしく思います。……津波がくるのは一瞬でした。……その時、「パリン！」居間の大きい窓が割れ、一気に水が入ってきました。水がまだまだ流れてくる中、お父さんと弟がいないことに気づきました。……お母さんが水で浮いたタンスにじゃまされていて、それをお姉ちゃんが助けていました。僕はそれをただ見ているだけでした。……家族が逃げ遅れているのに何もできなかったのが今になっても後悔しています。……何ヶ月かたち家族の遺体を見た時、信じたくありませんでした。でもなぜか涙は出ませんでした。信じることができないまま時はまた過ぎ、2人の遺体を火葬する時に泣きました。思いっきり泣きました。……（2人の分もがんばろう）そう決めて、もう泣かないようにしたけど、少し思い出すたびに泣いてしまいます。2人はいつでも、今でも見守ってくれてると思います。火葬の時、言えなかったけど今までありがとう。お母さんの優しさはいつでも、どんな時でも、元気にしてくれる魔法みたいでした。……僕は命については、先生が言うとおり答えなんてないと思います。よく聞く言葉だけど「失って初めて気づくもの」でもあるし、「強くて、弱くて、美しいもの」とも思うし、そのまま「生命を表すもの」だとも思います。……僕たちはまだまだ「命」と付き合っていきます。……

　Yは震災で母親と姉を失いました。失意の中で二人の遺体が火葬される瞬間の思いを綴ってきました。辛い時期を乗り越え、私的な「命」から人にとっての「命」が普遍的な価値をもつもの（Yの言葉で言えば、「強くて、弱くて、美し

いもの」）という認識に至っています。この作文が学級・学年を少しずつ動かし始めます。

（２）「私の震災体験」を読み、また綴る

　Ｙの作文を取り上げ、命とは「強くて、弱くて、美しいもの」という表現の意味について考えました。「何かが変わるかもしれない……」というＹの思いをしっかりと受け止めた上で、ある種の覚悟をもって子どもたちに作文を紹介しました。

> 　　僕はＹ君のお母さんが流されたことは知っていました。そのきっかけはＹ君の家に遊びに行った時に、お母さんがいなかったからです。……でもこのことはＹ君には言えず、心の中にしまっておきました。もしそれをＹ君に言ってしまっていたら、またその時のことを思い出して泣いてしまい、心を傷つけてしまうと思ったからです。Ｙ君は今もあの時のことを覚えていると思います。でもそのことはあまり外には出さず心の中にしまい頑張っていると思います。……（Ｄ）

　ほかにも「命は捨てるのは簡単でも、生きるのは大変です。大変でも生きることに意味があるのだ」「一つ一つの『命』にそれぞれの意味があるはず」という作文など、「生きる」意味や「命」の意味を何とか語ろうとしていました。
　さらに、子どもたちが自分の問題として引き受け、咀嚼し、問い返しを行いました。自死、殺人、虐待、離婚による心の傷、不登校、いじめ、貧困、死刑の是非など、学校や社会の「命」の問題に焦点を当てていました。「命」の問題は身の回りに溢れていることに気づき始めたのです。冒頭のＲの作文もその一つでした。

（3）「私が見つめた命」を綴る

　最後に、「私が見つめた命」という作文を書いてもらいました。次は、震災で両親を失い、弟と二人きりになったAという女の子のものです。悲しさを押し殺し、周囲に気を遣わせないようにと必死に頑張ってきました。「両親の代わりに弟を守らなければならない」と自分の言い聞かせ、前向きに生きようとしていました。

　　　　私は最初、この震災についての作文を書きたくなかったし、読みたくもありませんでした。……しかし、私はみんなの前で読みました。……この時、授業中何度も涙がこぼれそうになりました。その度に私は下を向き、必死に涙がこぼれるのを我慢しました。……だけど、みんなが自分の作文を聞いて思ったことや感じたことを率直に書いてくれました。なぜかすごく嬉しかった……この時に少し変われた気がしました。……私はこの授業を通して…自分の知らない本当の自分を知りました。それは、本当はさみしいって思ったり、嫌な事ばかり考えている自分です。……

私はこの作文に対して次のような返信を書きました。

　　　　正直な気持ちを書いてくれてありがとう。先生もAに作文を書いてもらうのはすごくためらいました。……でも3の1のみんなはちゃんと受け止めてくれました。Aの辛さや悲しさ、しんどさ、やるせなさをちゃんと受け止めてくれました。これはすごいことだと思うよ。普段はしょうもないことばかりしてる3の1だけど、苦しい人の思いや悲しい思いをしている人に対してはものすごく真剣に向き合ってくれる。そんな人たちの集まりだと思います。……あの震災を乗り越えた同志として、心がひとつになったと思います。

子どもとともに授業をつくるというのは、決して楽しいことばかりではありません。子どもの思いや願いを真摯に受け止めるというのは、むしろつらさや苦しさを伴います。教科書を教えることとは根本的に違う姿勢や決意が必要なのです。

　それは子どもと同じ地平に立つ（同じ視線をもつ）ことが要求されると同時に、自分自身の生き方やものの見方への厳しい問い直しが要求されるのです。教師が大上段に構え、「何かを教え導く存在」として立ち振る舞えば、子どもは「何かを教えられ導かれる存在」としてのみ存在することになります。そうではなくて、子どもの本当に学びたいことや知りたいことに答えるためには、一度子どもの視線（厳密には子どもの「生活」の視座）に立って、自分をともに学ぶ主体として位置づけ直す、教師の立ち位置の絶えざる検証が必要になるのです。不断の研鑽とは、この立ち位置の検証にほかならないのです。

5. 学校をつくること

　今、日本の民主主義は時の政権によって曲解を重ねられ、歪められ、悪用され、瀕死の状態で喘いでいます。多数派が有無を言わせずに少数派を圧迫する社会に、未来などあるはずがありません。

　このような状況に対して、私たちは毎日子どもたちと授業をつくり、学級をつくっています。「民主主義とは何か」を教える最前線に立っているのは私たちです。子どもの生活台を見つめ、教育の目的を論じ、子どもとともに学校をつくる―そこにこそ私たちの「主戦場」があります。

　学校づくりはその最たるものです。たとえば、私の学校では「みんな悩んで教師になる」という講座を定期的に開催しています。部活動のない放課後を利用し、先生方がリレー形式で講座を開いていきます。学級づくりや日記指導、班ノートの使い方、班長会の指導法、教師の使う言葉の問題など、その先

生の得意分野を生かすよう多様なテーマを設定します。講座は勤務時間外にも及ぶため、講師にあたった先生は茶菓を用意し、和気藹々とした雰囲気の中で小腹を満たしながら熱い議論を交わします。有志による講座ですが、ほとんどの教師が参加する講座となっています。議論の柱は決まって「だれのために、何のために」が主になっていきます。老いも若きも一緒になって方法論を語りながら、ひいては熱い教育論が交わされるのです。

　世界一多忙だと言われる日本の中学校でも、民主的な実践をする余地はまだまだ残されています。どんな小さな学校・職場でも、種をまく人、汗して水を運ぶ人、適切に栄養を与える人がいれば、民主の息吹が芽生えるのです。

　民主主義とは、人と人の間に萌え出づるものなのです。

<注記>
(1) この実践は、2015年3月29日NHKスペシャル「命と向き合う教室〜被災地の15歳・1年の記録〜」として放映されました。
(2) この実践は、2014年3月9日付「朝日新聞」で紹介されました。
(3) これらの実践の詳細については以下の拙稿を参照。
　　◎『体育科教育』大修館書店　2011年12月号〜 2013年9月号　特別連載「被災地の子どもと向き合う体育実践〈1〉〜〈21〉」
　　◎学校体育研究同志会編『たのしい体育・スポーツ』創文企画　2012年1・2月号、同年7・8月号

ブックガイド
子どもといっしょに学ぶ民主主義

川上蓉子

　本来、「民主主義」は、この社会に生きるすべての人びとが共存していくためのルールのはずです。その原則のために、このブックリストでは「人間を差別をしない」、「自由に自分の意見を言えるという自立性」にしぼり、おもに2013〜14年に出版された児童文学（小学上級、中学生）と、最後に憲法と平和に関するテキストと絵本を紹介します。

　本書における「民主主義」の意味づけの一つが「人間関係や集団関係をつくりかえる」という点にあるのなら、現代の学校という集団が子どもたちにとって、それほど息苦しいのかと問い直したくなります。「いじめ」は、児童文学の中でいちばん多く取り上げられてきたテーマだといえます。わずかな差異や、誤解で集団からはじき飛ばされながらも「個の自立」を取り戻そうとする中学2年生の少女たちの物語を2点紹介します。

①『雨の降る日は学校に行かない』
（相沢沙呼著、集英社、2014年）

　教室という閉じた空間の中で繰り広げられる6人の少女たちの日常を切り取った6編の連作短編集です。恋バナにも、スカー丈のランク付けの縛りにもついて行けなければ、たちまち集団の中からはじき飛ばされます。同調する圧力に屈しないということは自意識の強さでもあり、自由を渇望する個の自立性でもあります。現実から逃げ出さずに向きあおうとする少女たちの切ない思いは、救いの残る爽やかさにつながっています。

②『クリオネのしっぽ』
（長崎夏海著、講談社、2014年）

　中学2年生の少女たちの物語です。中学2年の美羽は、いじめ首謀者でもある先輩に逆らい暴力を奮ったことで浮いた存在となります。それでも唯ちゃんだけは変わらぬ関係を保ってくれていました。そんなときにギラギラのヤンキー娘の幸枝が転校してきます。関わりたくないと強く思いながらもなぜか二人の接点が増えていきます。それぞれの家庭の事情が剥き出しにされていく中で、自分たちの外側の世界に目を向けながら、3人の友情の距離感をドライに、温かく描いています。

「いじめ」の厳しい現実が描かれる中で、現代の子どもたちの新しいリーダーの誕生を予感させる作品や、魅力的な教師との出会いもあります。

③『かさねちゃんにきいてみな』
（有沢佳映著、講談社、2013年）

異年齢の子どもどうしのかかわりを描いた作品です。登校班1年生から6年生まで8人のグループが、毎日学校までの通学する様子を日記風に描いています。何ごとも起こらない日常が切り取られているだけなのに読ませるのは、子どもたちのそれぞれの個性と、班長かさねちゃんのキャラの魅力です。どんな問いにも相手の立場で考えようとするかさねちゃんの存在感が素敵です。

④『石を抱くエイリアン』
（濱野京子著、偕成社、2014年）

阪神大震災、地下鉄サリン事件が起こった1995年に生まれた市子は中学3年生。クラスの中で誕生日がいちばん早いため「姉さん」とよばれ、6名の班のリーダー格です。その班にダサく「将来は日本一の鉱物学者」になりたいという偉生がいます。彼は周りからシカトされることが多かったのですが「姉さん」と会話ができたことから班の活動にも積極的に関わります。文化祭での展示では「原発問題」を提案し、展示は成功します。しかし、卒業式もおえた2011年3月11日、偉生は、東日本大震災に遭遇し、行方不明になってしまいます。物語は切なさを残しますが、市子のその後の向き合い方が爽やかです。

⑤『テラプト先生がいるから』
（ロブ・ブイエー著〔西田佳子訳〕、静山社、2013年）

新任教師のテラプト先生が赴任してくるところから物語は始まります。7人の子どもたちが、それぞれにテラプト先生のユニークな授業を語っていきます。二部構成ですが、一部ではテラプト先生の魅力的な授業法が展開されます。特別支援学級の訪問、世界の宗教行事や祭りの展示、全員が発言する機会を作るなど。その中で友だちの意外な一面を発見したり、新たな関係が生まれます。しかし、先生は事故に遭って昏睡状態になってしまいます。二部は、先生の入院中、先生の事故が、子どもたち一人ひとりが抱えるドラマをより深く見つめ、それぞれが他者に思いを伝える勇気が育まれていきます。

民族差別や、弱者に対する視点は、児童文学のテーマには多く、最近は発達障害（アスペルガー症候群など）の子どもたちがよく取り上げられています。ここでは少し違う視点から差別の問題を考えてみます。

⑥『わたしの心のなか』

（シャロン・M・ドレイパー著〔横山和江訳〕、すずき出版、2014年）

メロディは、重度の痙性四肢のハンディを持つ5年生の少女。話すこともできず、食べることも歩くことも自力ではできないのです。記憶力も、理解力も抜群の力を持っているのに表現する手段がないのです。そんなときわずかに動く親指だけで操作できるパソコンが届きます。そのときからメロディの環境は大きく動きます。彼女の抜群の能力が認められて全米で放映されるテレビのクイズ番組に学校代表で出演することができるようになるのですが、決してハッピーエンドでないところに、障がい者に向きあう視点を考えさせられます。

⑦『声の出ないぼくとマリさんの一週間』

（松本聰美著、汐文社、2014年）

声を出すことを止め、不登校となった5年生のシンは、母が出張で1週間留守をする間、母の幼ななじみというマリさんと過ごすことになります。初めて会ったマリさんは大きな身体にバッチリとしたお化粧。でも鼻の下にヒゲが見える。「おんな？」「おとこ？」そんな疑問を抱えたまま、6畳一間の狭いアパートでマリさんと生活することになります。決して他人のことを詮索せず、貧しいながらも精いっぱい生活しているマリさんの生き方に、シンは、自分自身を見つめ直そうとします。性的少数者を真正面から取り上げた児童文学です。

　今、沖縄県では、米軍基地の辺野古移設反対の民意を踏みにじって移設を強行しようとしています。民主主義の基本である議論を避け、批判を受け入れないということは、民主主義を崩壊させ、全体主義と戦争の道へとつづきます。現代に生きる子どもたちがそうした全体主義社会の野蛮さと、戦争の実態を知るための作品を紹介します。

⑧『スターリンの鼻が落っこちた』

(ユージン・イエルチン作・絵〔若林千鶴訳〕、岩波書店、2013年)

一時代前のソビエト連邦の独裁者スターリン時代のお話です。スターリンを尊敬するサーシャは、ピオネール団に入団することを楽しみにしていました。父は敵のスパイを暴く秘密警察員。その父が入団式の前日に秘密警察に逮捕されてしまいます。なぜ？──。逃避行をつづけるサーシャの目に今まで見えなかった真実が見えてきます。隣人や家族すらも監視し、粛清する独裁社会の恐怖を、巧みな絵と共にわかりやすく描いています。

⑨『日ざかり村に戦争がくる』

(フアン・ファリアス著〔宇野和美訳〕、福音館書店、2013年)

スペインの独裁者フランコが起こしたスペイン内戦のお話です。地図にものらないような小さな村に戦争のことなど知らされることなどありませんでした。村人が気がついたときは、村の若者は無理やり戦争に連れていかれ、帰ってくることはありませんでした。戦争に反対して逃れた村人にも、凄惨な最期が用意されていました。戦争の足音が聞こえ始めたらもう遅いのだということを教えられます。

⑩『そこに僕らは居合わせた』

(グードルン・ハウゼヴァング著〔高田ゆみ子訳〕、みすず書房、2013年)

ユダヤ人にどのような運命がまっていたかを知らされることもなかったナチスの支配下で、そこに居合わせたドイツ人や子どもたちの日常を描いた短編集です。20編の作品には、戦後事実を知らされた人びとが、今も抱えこまなければならなかったトゲのような暗い痛みが赤裸々に描かれています。

⑪『星空ロック』

(那須田淳著、あすなろ書房、2013年)

14歳のレオがベルリンに一人旅をした濃密な4日間。音楽を介して知り合った仲間たち。国籍の違う人びととふれあう中で、ドイツではナチス時代を含めた歴史を深く勉強していること、ナチス時代の「記憶」を継承する運動として犠牲者の名を刻んだ「躓きの石」の活動がさりげなく織り込まれています。日本における加害の記憶はどのように伝わっているでしょうか。

⑫『木槿の咲く庭』

(リンダ・スー・パーク著〔柳田由紀子訳〕、新潮社、2006年)

この作品は、在米韓国人による作品です。日露戦争後、日本は、朝鮮半島を植民地とし、第二次大戦下、日本への同化政策を進めました。日本名への改名、朝鮮国花の木槿の伐採。10歳の少女スンヒィと兄テヨルのそれぞれの視点から、1本の木槿を秘密裏に守り抜いた一家の日常が、日本敗戦まで語られます。命令と服従に個人の領域まで支配され続けた事実が鮮烈です。

⑬『ハングリーゴーストとぼくらの夏』

(長江優子著、講談社、2014年)

この作品の舞台はシンガポールです。6年生の間中朝芽は、不本意ながらも父の転勤でシンガポールの日本人学校に通います。新しい生活になじめないまま「シンガポール植物園」にいったとき、不思議な体験をします。タイムスリップをしながら、70年前、日本はシンガポールでも多くの人びとに被害を与えた事実を知ることになります。初めて知る事実に戸惑う朝芽。現代の子どもたちの戦争の実像を受け止めかたが新鮮です。

今、この国は、非戦をうたう日本国憲法を改悪し、侵略はなかったことにして戦争をできる国にしようとしています。日本国憲法を子どもたちといっしょに学ぶテキストです。

⑭『「けんぽう」のおはなし』

(武田美穂著・井上ひさし原案、講談社、2011年)

井上ひさしが実際に小学生にむけて話した憲法の話を絵本作家でもある武田美穂が子どもたちも、おとなも楽しめるように工夫した作品です。

⑮『「日本国憲法」なのだ!』

(赤塚不二夫・永井憲一著、2013年〔改訂新版〕、草土文化)

マンガ家赤塚不二夫の憲法本です。満州から引き上げて戦争の悲惨さを体験した彼は、反戦を貫いたマンガ家でもありました。

世界規模でみれば、戦争は今も起こっています。とくに中東地域はますます混迷の中にあります。その中で一番の被害者は子どもたちです。わが国は「積極的平和主義」を掲げ、そうした地域でも「戦争をできる国」にしようとしています。でも、ほんとうの「平和」とはどういうことでしょう。「平和」の問題を子どもたちといっしょに考える絵本を。

⑯『せかいでいちばんつよい国』

(デビッド・マッキー作〔なかがわちひろ訳〕、光村教育図書、2005年)

あちこちで戦争をしかけて世界で一番強い国となった国は、最後に残った小さな国を攻めました。しかし、小さな国には軍隊がなかったのです……。さて、二つの国はどうなったでしょう。

⑰『ぼくがラーメン食べているとき』

(長谷川義史作　教育画劇　2007)

ぼくがラーメン食べているとき、隣の国の子は何をしているでしょう……。今も紛争の中にいる子どもたちがいます。地球規模で平和の問題を考えます。

最後に、今年(2015年)1月、亡くなったヴァイツゼッカー大統領のドイツ終戦記念40周年記念演説『荒れ野の40年(新版)』(岩波ブックレット　No.767　'09年刊)は、手渡す大人の側の必読文献です。

民主主義なんかいらない？

中西新太郎（横浜市立大学名誉教授）

1. 「こんなのおかしい」と感じる瞬間
民主主義の出発点

　民主主義という言葉を生のまま差し出され、「民主主義、大事じゃね？」と問われたとしたら。

　熱烈に「そうだよね」とは同意してもらいにくい気がします。「何それ？」がふだんの会話なら返ってきそうな反応だし、「そうなんでしょうねぇ」と返されるのはお愛想まじりでしょう。若い世代にとって、自分の身に迫って使える感じがしない言葉のひとつではないでしょうか。おそらく、人権という言葉と同様に。どちらの言葉も、公式社会の場やメディアでひんぱんに使用され、皆が守るべき規範のように扱われてはいます。もちろん学校教育の世界でも。しかし、自分がいま生きている場、そこに出現するしんどさ、身動きのとれない困難、生きづらさ……から抜け出すのに役立つ足がかりだとは思えません。大事だと言われれば否定はしにくいが、「役立ってる」実感が持てないのです。自分の身に迫って感じられないのはそこに原因がありそうです。

　民主主義も人権も、それらにこめられている内実（「何がおかしいか」に気づかせる見方・考え方）が自分の生きる場、その不条理や不当を照らし出す場面は、実は、いやと言うほどあります。ブラック企業に「運悪く」入ってしまい文字通り使い捨てられる不当な扱いは人権の損壊だし、バイトだからと、いつもいつも「上から目線」で指示（命令）されていたらむかつく。なぜむかつくかと

言えば、人間関係にきちんとつらぬかれるべき民主主義がないからです。たとえば、次のような例。

> 「先日『アルバイトの女の子』といわれました。派遣について、キチンと学習してほしい。『ねー』でなく、キチンと名前でよんでほしい」

　こういう場面は日々の生活でいくらでも挙げられるでしょう。働く場面でも学校でも。同世代のあいだでも、女性と男性でも。自分の思いを押し殺したり、気持ちとはちがう見せかけをつくらないといけないたくさんの例があるはずです。

> 「Aさんから『Y社社員に食事会とか飲み会に誘われたら必ず参加して、うち（X社）のイメージが良くなるように交流を深めて下さい。日給高いのはそういう仕事も含めてのこと。特に出張先では積極的に』って言われるから、これも仕事だと思って行ったんです。そしたら、Y社社員は全員男で下ネタばっかり振ってくるんですよ。もう恥ずかしくてたまらなかったけど、イヤな顔をしたら雰囲気が悪くなる感じだし、前にAさんにセクハラ受けたらどうしたらいいか聞いたら、『Y社のおかげで仕事があるから笑ってしのいでください。それができなかったらランク下げますよ』って言われたんです。Aさんにランクの格下げするぞって脅されたら、あとは自分でどうにかするするしかないし、この下ネタ攻撃を数時間我慢さえすれば、ノリのいい子だなって、もっと業務依頼がくるようになるんじゃないかと思って」
>
> （田中慶子『どんなムチャぶりにも、いつも笑顔で？！
> ──日雇い派遣のケータイ販売イベントコンパニオンという労働』松籟社、2014年、55頁）

　下ネタを振られて（どう弁解しようと、振っている側は意図的で悪質です）もが

民主主義なんかいらない？

まんしたこと、そういうセクハラについて相談しても正社員の上司が、「笑って流せ、そうでないとおまえの評価を下げるぞ」と脅した（どんなに言い方がソフトだろうと、言ってることは脅しです）こと——その関係全部が、同じ人間同士のかかわりとしておかしい。上司と平社員だろうと、親会社と下請け会社だろうと、そのちがいを相手に振るえる力（権力）のちがいだと勘違いして厭がることを吹っかける。それがおかしい。人間関係の民主主義的なかたちを歪め、壊しているからです。

　人間を育てるはずの教育の場でも、残念なことに、子どもたちが「無力」なのをよいことに理不尽な力（暴力）を振るう「教育者」は後を絶ちません。大人に対して子どもは相対的に弱い立場にあるのが現実だから、理不尽な要求にも抵抗しにくい。そうした関係では「力を振るえるぞ」という誘惑が忍び込みやすいのです。「自分の言うことに素直に従い、ついてくる。実力だよ、影響力があるからだよ」——ひどい場合にはそう錯覚までして、子どもが自分自身の気持ちをもち、言葉をもち、それを外に出せる機会を狭めてしまいます。「何でも話してごらん、怒らないから」と言いながら、「自由に話すことを許せるオレ」のおかしさに気づかない（自分が新米だったとして、職場の上司から「無礼講だから、悪口でも何でも出していいんだぞ」と言われ、不満をぶちまける人がいますか？　信用ならない上司の「無礼講」と同じことを子どもに向けていませんか？）。

　プライベートな恋愛関係の中にだって、同じような話はたくさんあるでしょう。「カレシから俺の色に染まれと言われました、染まらないといけないんでしょうか」という質問を受けたことがあります。冗談じゃない、ふざけるな、と言いたい。人はみな「自分の色」をもって生きています。他者とかかわることでそれらが混ざり合い、多様な色合いが育つことはあるでしょう。主張し合い譲り合うことはあっても、「俺の色以外許さない」という関係は支配です。「おまえの色を消せ」と平気で言えてしまう「関係」は、恋愛だから仕方ないではすまされません。親しい人間同士のプライベートなかかわりの中に

も、民主主義とよぶことがふさわしく、たがいに尊重すべきかかわり合いのかたちがあるはずなのです。

2. 理不尽な力の伝染をくいとめる
　　ストッパーとしての民主主義

　しかし、問題はここから。民主主義にのっとったつながりが大切だと言っても、それが多くの場合に通用しない。これまで挙げた例はみなそうです。自由にものが言えるなんてウソ、民主主義は通用しない。あまりにも通用しないから、民主主義にもとづいて社会はつくられると言う人間も信用できなくなります。自分の好き嫌いだけで物事を押し通す「俺様主義」のほうが、かえって正直に感じるくらいです。現実がそうなのだから。たがいを配慮しあう人間関係なんてウソだという感覚がはっきり描かれている例を挙げてみます。

> 「ぼくを含めた世界の全てが嘘臭く、薄っぺらで、疑わしい。／　お父さんやお母さん、先生や友達はぼくに優しくしてくれる。にこにこ笑いながら話しかけてくれる。／　でも、ぼくにはその笑顔が一番怖かった。ぼくがそれらに気を許した途端、その笑顔がひっくり返って怒り顔になる。絶対なる。この人達の笑顔はぼくを嵌めるための罠なのだ」

（鮎川歩『クイックセーブ＆ロード』ガガガ文庫、2009年、282頁）

　こう述べた後で、主人公は、信用できないものを最初から信じなければ裏切られずにすむという切ない信念を吐露しています。気持ちはわかるし、スジは通る。自分も相手もできないようなことを掲げ、これを守ろうと言われてもピンと来ないはず。「戦後民主主義を守れ」といったスローガンについてゆけない感じも、同じ感覚ではないでしょうか。民主主義という制度（デモクラシー）があると言うなら、なぜその制度は自分たちがぶつかっている困難を見

過ごし、放置しているのか？　世の中を見渡しても、無視されてしまうことばかりではないのか？　原発はやめようという意見の方が多数なのに政府は反対方向をめざしています。沖縄の人たちが辺野古に米軍基地をつくるなとはっきり意思表示しているのに、その民意を政府はまったく聴きません。「民主主義って何だよ」って疑って当然ではないでしょうか。

　民主主義制度（デモクラシー）へのそんな不信（それはまた政治不信でもある）も立派な意見のひとつであることを認めるべきです。結局は力（政治権力、暴力、経済力……）の強い者勝ちの現実、民主主義だからと多数の力で議論を封殺する社会のおかしさ（「少数意見の尊重」という、実はデモクラシーを成り立たせる上でも不可欠のしくみは、まったくのお題目でしかない）、建前にすぎないデモクラシーを正しいと言うだけで現実を無視しているとしか思えない大人、メディアの偽善――これらの内容を含んだ不信感の表明は、正確でない点があるとしても、真剣に受けとめるべき「意見」といえるでしょう。

　では、民主主義という考え方について、「どうせ信用できない建前だろ」とシニカルに受けとり、「そんな考え方も制度も当てにするな」とばかりに振る舞えばよいかというと、それはちがいます。民主主義が通らないという実感、自分の尊厳を傷つけられ、「ひどいじゃないか」と思う体験――現にあるそれらの感情・経験をどう受けとめればよいのかが問題の核心です。「どうせ上司なんてムチャ振りするもの」とか、「男なんて所詮信用できないもの」と考えておけば裏切られずにすむと言えるでしょうか？　たとえば、「鮮度が落ちた」と言われ何年も勤めた職場を雇い止めになった女性にそう言えるでしょうか？　そういう振る舞い方は、民主主義が通用しないためにひどい目に遭った者に対して、結局のところ、「あきらめなよ」と述べているにひとしいのです。慰めているつもりでも、受けた被害は決して回復されないし、回復されない傷として残り続けます。しかも、それに加え、どうせ世の現実は道理がとおらないのだから、自分だけ律儀にスジを通すのは馬鹿馬鹿しい、力を

振るえるところで振るわないのは損だとも感じさせます。つまり理不尽な力は、そのままにしておけば、かならず伝染するのです。

　どう考えても理不尽でおかしいと感じる体験、事実。そういう理不尽な目に遭って「ふざけんなよ」「むかつく」と怒りに震えるとき、その事実、体験、感じ方を大切にし、そこから出発する民主主義の活かし方はないのでしょうか。変な言い方になるが、民主主義の通用しない場面、関係でこそエネルギーを与えられ、力を発揮し、人を励ます民主主義、理不尽な力の伝染を阻止するストッパーとしての民主主義が考えられないか、ということです。

3.　あなたには私をクズとよぶ権利なんかない、私があなたをクズとよべないように

　幸いにして（不幸にして）、私たちは、生身の人間であるかぎり、理不尽な目に遭ったとき、くやしさや怒りを感じないわけにはゆかず、簡単に忘れることもできません。笑い飛ばして何でもないフリをしても心は傷つく。たとえ自分では大丈夫と思っている場合でさえ、そうした傷は深く潜んで、突然姿を現します。いじめを受けている子が、そう自覚していなくてもある日一歩も歩けなくなる、というように。

　差別や不公平、不平等のいろいろな現れに苦しみ、我慢できないと感じるのは、それらによって自分が人間としてこの世界にいる土台が奪われるからです。「お前たちはクズだ。異論はあるだろうが、社会に出たばかりのお前たちは何も知らないクズだ。その理由は、現時点で会社に利益をもたらすヤツが一人もいないからだ。」（今野晴貴『ブラック企業』文春新書）などと言われたら、平気ではいられない。「プライドなんか捨てろ」という「叱咤」は企業現場でも教育現場でも、上司や指導者がよく使うフレーズですが、そうやって奪おうとしているのは人間の尊厳そのものです。尊厳を失うと反論ができない。奴隷状態に陥ってしまう。現代の世界にだって、この意味での奴隷状態はあち

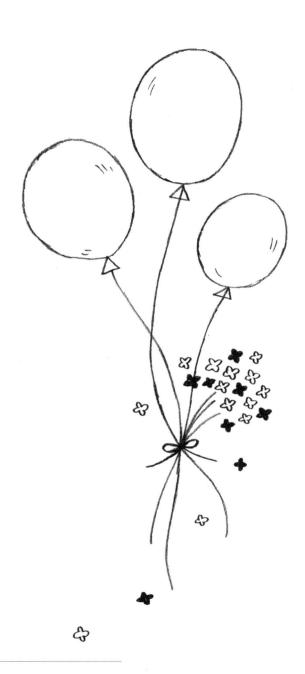

こちに生まれています。反論どころか、何が自分を苦しくしているかもつかみにくい「弱者」である子どもという存在は、とりわけ、奴隷状態におかれやすいのです。

　それでも人間は、心の中では、「こんなのおかしい」とつぶやくことができる。「私が悪かった」と言わされているその瞬間でさえも。「おかしい、おかしい」と思いつづけるのにも大変なエネルギーが必要ですが、そう感じることのできる力すなわち人間としての尊厳を守ろうとする心のはたらきは、人がもっている大切な財産です。ただし、放っておくとその財産も社会の圧力のためにすり減らされ、奪い取られてしまう。社会の圧力とは、「問題はあなたの方にあるんじゃないの」という追及、自己責任論という圧力のこと。「いじめられる側にも問題がある」「奨学金を返すまで結婚できないと言うけれど、借りたのは自分でしょ」「リストカットしてしまうのは結局自分の心が弱いから」……と、こんなふうに、何でも個人の責任にしてしまう圧力は恐い。なぜなら、自ら「私がダメな人間だから」と認めてしまうようはたらく強力な誘導作用があるからです。

　「これはおかしいと感じている私のほうがおかしいの？」そう自問自答させる罠に落ちてはいけない。シューカツで内定がなかなか取れない学生が多分一度ははまるこの罠がいやらしいのは、「自分は天才でもないし、普通の人間なので」という、ほとんどだれもが思っているはずの自分像をたくみに利用しているから。「だからダメなのは自分のほう」と思わせる魔術。尊厳を見失わせるそんな魔術に対抗するのに必要なのは、「特別の才能」をもつことではありません。「クズだと言われて口惜しかったら、クズと言わせないだけの実績をみせろ、力をみせろ」というレトリックに乗せられると、そう要求する相手が、「たしかにおまえは大したヤツだ」と言ってくれぬかぎり、クズよばわりされつづけます。スキルが足りなければそう言えばいいのに、クズだと脅すのです。「クズ扱い」のレトリックが使っている戦術は、相手の人間としての

尊厳を貶め、反論させないことで自分に従わせるやり口なのです。

　だからこう答えたい。「あなたには私をクズとよぶ権利なんかない、私があなたをクズとよべないように」と。たとえ他人(ひと)より仕事が遅くても、ミスしてしまっても、場の雰囲気についてゆけなくても、クズ（DQN、キモ——と尊厳を傷つける同種の言葉はたくさん開発されている）とよばれるいわれなどありません。

　「同じ人間としては対等なはず」という出発点——人がたがいにかかわりあうすべての場面の出発点——がここにある。人がたがいにかかわりあうとは、社会をつくることだから、社会をつくるうえで不可欠な出発点と言えます。多数決で決めれば誰かをクズとよんでもかまわない（この仮想例は、物理的暴力を用いないいじめの一類型に当てはまる）という発想がなぜ受け入れられないか、ここからわかるはずです。「多数決」のそうした理解は民主主義ではない。むしろ反民主主義と言うべきでしょう。社会をつくる方法の一つである民主主義の出発点は、他の方法と同様に、人間としての尊厳をたがいに認め、護り合うところにあるのだから。民主主義とは、人がたがいに人間的なかたちで結びつくための考え方や技法の、唯一ではないけれど不可欠なひとつなのです。クズと言われたまらなくイヤだと思うそのとき、あなたは民主主義を活かし生きる場に立っています。「あなたが主人公」といくら持ち上げられてもそんな実感がまるでないとき、あなたは民主主義を生きる場から隔てられ、かつそのことを実感しています。そのように感じることが、つまりは、民主主義感覚を持っているということなのです。

4. 民主主義を生きるとはどういうことか

　ここまで述べてきたことをまとめて「民主主義って何？」という問いに少し固い表現で述べるなら、人間的尊厳の相互保障を土台にした人間関係（社会関係）形成の原理だ、ということになります。「こんな関係はおかしい」と感じ

ることに始まり、「あなたの言うこと、していることはこの点がおかしい」「それってちがう気がする」と違和感を表明できることは、民主主義の考え方・技法の具体的なひとつです。いまこの社会で、内心で思うだけじゃなく、「そう思う」と告げることがどんなにむずかしいか、私たちはよく知っています。バイト先で、「時給の発生が三〇分刻みなんておかしいんじゃないですか」と言えない、「同性愛なんだ」と話せない、政治のことを友だち同士の話題に持ち出せない……数え上げれば、思っていても外に出せない事項はいくらでもあります。タブーだらけと言ってもいいくらいに。つまり、普通に生きてゆくために不可欠な民主主義がそれだけ壊されているのです。

　ここから、自分が感じる違和感、苦しさ、怒り……を出しやすい条件、機会、環境があるかどうかも、民主主義の大切な中味であることがわかると思います。「若者がなかなか本音を言ってくれない、何を考えているかわからない」などと逆ギレする大人がいるけれど、「本音」が言えるどんな条件、機会、環境を社会が整えているか、まず先に考えるべきです。若者にかぎらず、大きな困難を抱えている者ほど、その事情を外に出す手段も機会も環境も奪われているのです。「弱者の特権」という嫌らしい言葉があって、「弱者」だからものが言いやすく、優遇されやすいと主張されたりするが、それは事実に反します。生活に困窮して生活保護を受けなければ生命も危ない人が、それでも受給を申請できない、申請させにくい環境がある――そんな現実を無視して、「ものが言いやすい」と強弁することこそ特権的な言い方です。

　意思を表明すること、気持ちをぶつけることには、「何に対して・だれに向かって」という対象がともなっています。酔っ払って、ひとり電車の中でつぶやいたり怒ったりしているおじさんだって、多分、気持ちをぶつけたい(でも、そこにはいない)「何か・だれか」がいるはず。自分の言い分についてだれかに応答してもらうことは、関係を結ぶこと、社会をつくることの最低限必要な条件だから、「だれか答えてよ」と要求できるし、応答がしやすい環境(相手に

応えてだれかがきちんと返してくれるようなかかわり方）も重要になります。言葉もまだ十分に回らない子どもが一生懸命しゃべっているのを、ていねいに優しく（人間的配慮をもって）聴きとろうとする人を想像してください。また、逆に、学校でハブられ、そこに自分がいないかのように扱われる苦しさを想ってください。だれも応答しない環境で生きるのは、社会的な死を宣告されるにひとしい。寄ってたかってだれかを標的に無視することは、相手を人間界から追放しようとする仕打ち、暴力なのです。日本で育ち生き暮らしている在日朝鮮人の人びとに向かって、「日本から出て行け」と叫ぶことと同じように。

　私たちが社会をつくり、社会の一員となることは、したがって、だれかの求めに応じて答えられるようなポジションに自分をおくことだ、と言えるでしょう。

　ところがここで困った問題が出てきます。何年も「ぼっち」のままで寂しくて仕方ない、ちょっとお話ししてくれませんか、と街頭で話しかけられ、「はいはい」と気軽に応じる人は多分少ないはず。また、ストーカーに「オレを無視するなよ」と言われても、そんな求めに応じたくないのは当然のこと。ストーカーのほうは「オレという人間が無視された」と傷つきますます怒り狂うでしょうが、だからといってうかつに返事などできるはずがありません。

　さらに、だれかに問いかけたらひどい反応が返ってくることもあります。ネット社会での炎上例には、どうみても言葉の暴力でしかない応答がたくさんあることもよく知られているとおりです。官僚答弁という言葉で表される、応答のかたちをとっていながら実質の中味は相手にまったく答えていないやり方もあります。「だれかの求めに応じて答えられるようなポジション」にいる者同士のやりとり（応答関係）が相手の尊厳を奪うかたちですすめられると、たがいにかかわり合う民主主義が壊され、応答関係が成り立たなくなるのです。問いかけ、回答を求め、また、それらに答えるかかわり方にはそうした危険がひそんでいて、その危険をあらかじめ取り除いておくことはむずかしい。尊厳を護り合うという関係（民主主義が活きている関係）は、社会をつくる各

人の振る舞いをつうじて実現するものだからです。その意味で、民主主義は、私たちがたがいにどう振る舞うか、他者の問いかけにどう答えるかを具体的に測り、判断し、批判もする（できる）センサーのようなはたらきをしているのです。

　私たちの社会がどのようにあるかを敏感に知らせることのできるこのセンサーには、さらに、尊厳を護り合う関係の実現に私たちを駆り立てるモーターも備えられています。この社会で生きるだれかの尊厳が護れず壊されるとき、それを許さぬよう自分自身にも他の人びとにも働きかけるというモーター、つまり行動を促すモーターが。民主主義は社会をつくる行動と切り離せないのです。

　ここで言う行動の範囲はとても広いことに注意してください。社会生活で出遭う、理不尽だと思う、むかつく、疑問でいっぱい……といった出来事について、そう感じた瞬間に、その場所に、行動への入り口がある、ということです。社会をつくる一人ひとりの行動を不活発にし、行動を諦めさせる力とその現れ、手口に注意したい。それらに対して、「いや、そうじゃない」と示すその人なりのやり方すべてが、社会をつくる行動なのです。

　普通の（他人を服従させる力を持たない）人間が自分たちの世界をたがいに生きやすくするための関係術として民主主義をとらえるなら、身動きが取れずものも言えない状態にある誰かを見過ごさず気にかけられるかどうかは、民主主義を生きる試金石といえます。「誰か助けて、何とかして」と声に出せない叫びを感じとり、それに応えることが、自分がぶつかる理不尽や困難を外に出して解決することにつながる――そんな社会的通路をつくるのが民主主義に秘められた力なのです。

憲法の平和と民主主義をめぐる攻防の70年

渡辺 治（一橋大学名誉教授）

　敗戦から70年、日本は、いま戦後最大の岐路に立っています。
　敗戦直後、あの悲惨な戦争による灰燼（かいじん）の中で、戦後の日本の進路が構想され、日本国憲法の中に書き込まれました。その戦後日本の構想、これをここでは「戦後」とよんでおきましょう。「戦後」の構想は、当の憲法制定を主導したアメリカから改変が迫られ、その圧力を受けた日本の保守政権により何度もその否定の企てにさらされてきました。大雑把に言って憲法の危機は、2回ありましたが、そのいずれの場合も国民の運動によりかろうじて憲法の正面からの改変を免れて今日に至っています。
　度重なる改変の企てにより、憲法に具体化された「戦後」のあり方は、歪められたり切り縮められたりしましたが、それでも憲法が構想した平和、民主主義、生活のあり方、そして教育の制度は不十分ながら定着し、これが私たちの「戦後」をつくってきました。いま私たちが、空気のように常識として享受している平和や民主主義、教育は、決して自動的にできたものではなく、長年にわたる保守政権と国民の運動との対抗でつくられ、危ういバランスの下で維持されているものなのです。いま安倍内閣は、こうした「戦後」日本の在り方の根本的転換をめざし憲法の改変に3度目の挑戦をしています。
　そこで、本章では、憲法をめぐる攻防の70年をふり返りましょう。

1. 憲法はどんな日本、どんな社会をめざしたのか

(1) 憲法は軍国主義の復活を許さないためにつくられた

　日本を占領した連合国が求めたことは、日本がふたたび、アジアへの侵略戦争を始めないこと、日本の軍国主義の復活を許さないことでした。2000万を上回る死者を出した、アジア・太平洋戦争の根源が、日本の軍国主義にあるというのは連合国の共通の認識でした。これだけの犠牲を払って手に入れたアジアの平和を確保する最大の保障は軍国日本を復活させないということに置かれたのです。

　20世紀前半のアジア、とりわけ中国大陸は、戦争の策源地でしたが、10年をおかずして勃発した戦争──日露戦争、第一次世界大戦のアジアでの戦闘、山東出兵、「満州事変」、日中全面戦争そしてアジア・太平洋戦争のすべては、日本がアジア大陸とりわけ中国に侵攻して引き起こした戦争でしたから、戦後のアジアに平和が確保されるかどうかは戦争の根源である日本軍国主義をいかに抑えるかにかかっていたからです。

(2) 憲法の四つの柱──セットになった国家構想

　日本の軍国主義の復活をさせない体制をつくるには、天皇を中心とした専制的政治体制を定めていた明治憲法の改正が不可避でした。

　新しい憲法の制定経過を探ることは紙数の関係でできませんが、日本国憲法は、こうした連合国の要請、ふたたび日本が軍国主義にならないためにどんな日本をつくるかという構想の産物としてつくられたことを確認しておきましょう。

　憲法には、大きく四つの柱が立てられました。

戦争放棄と軍隊保持の禁止

　第1の柱は、非武装の規定です。憲法9条は、戦争を放棄することを謳うと同時に、日本の度重なる侵略戦争を遂行した巨大な軍隊を禁止することを明記しました。

　当時自国の憲法で軍隊を禁止することを規定している国は皆無でした。占領諸国と日本との条約など外部の強制によってでなく、憲法の中で軍隊保持を禁止することにしたのは、占領諸国の強制で軍隊を禁止されたら、占領の終了と共にその反動で再軍備が始まるかも知れないことを危惧したからでした。

　ここで、二つのことに、注目しておきましょう。

　一つは、憲法9条は、第一義的には、日本の平和を保障するための規定ではなく、日本からアジアの平和を保障するためにつくられたものだ、という点です。侵略の軍隊を禁止し、アジアの平和を確保することを通じて日本の平和は保障される、これが、9条の真意でした。

　二つ目は、以上の経過からわかるように、憲法9条は、遠い将来を見据えて、高邁な理想、夢を語った規定ではなく、ごく切実な、アジアの平和を実現するための現実的保障としてつくられたものだという点です。後年、9条の下で自衛隊を認め大きくしようという陣営から、"憲法9条は普遍的な理想を述べた規定だから「柔軟に」運用すればいい"という議論がなされるようになりますが、制定時には、そうしたたんなる理想という意図はなかったし、実際にも、9条は戦後史の中で「理想」以上の役割を果たすことになります。

戦争を食い止める国民の力が——民主主義と市民的自由のセット

　第2の柱は、民主主義と市民的自由保障です。憲法起草者は、軍隊保持の禁止だけでは日本軍国主義の復活を阻むには不十分だと考えました。日本の軍国主義と戦争を食い止められなかった最大の原因は、天皇主権の下で、戦争遂行をはじめ国の政治が天皇と一部の寡頭勢力の意思で動かされ、国民が

政治の決定から排除されていたところにあると考えたのです。明治憲法の下でも、1925年の普選法により男子普通選挙権だけは実現しました。しかし明治憲法では、議会の権限は弱く、宣戦・講和、軍事力行使、軍隊の編成、外交などに関しては天皇が議会の関与なく決定できる「大権」とされ、軍の統率は政府にもはからず天皇と軍部の一存で事を進めることができました。

そこで、日本国憲法は、1条で「国民主権」を明記し、天皇から一切の政治的権限を剥奪して、日本の進路を左右する政治の決定を国民の手に委ねたのです。男女普通選挙権が保障され、議会が「国権の最高機関」とされたのも、戦前の苦い経験に対する反省からでした。国民が政治の意思を決める仕組みをつくれば、戦争や軍国主義への道は止められるという考えがあったのです。

戦前日本ではなぜ平和の声があがらなかったのか

しかし、民主主義が機能するには、重要な前提があります。それは言論の自由をはじめとする人権が保障されるという前提です。独裁国家でも普通選挙が認められているところは少なくありません。しかし、政党結成の自由が奪われ市民の活動や言論が厳しく統制されている場合には、いくら選挙があっても民主主義は機能しないのです。

戦前の天皇制国家は、国民の意思とは無縁に政治的決定が行われる体制であっただけでなく、国民の政治的発言や行動に厳しい制約を課しました。とくに天皇制下の言論規制は、「事前抑制」、つまり、当局に危険な言論は国民の眼にふれさせないという抑圧の方式が発達していたのです。出版法、新聞紙法では、検閲と発禁が決められ、出版物は、発売の前に警察当局に届け出が義務づけられ、当局が国民の眼に触れさせるのは都合が悪いと判断すれば「発禁」にすることができました。戦争に反対する言論はおろか政府を批判する言論は周到に国民の眼から隠されたのです。また、治安警察法という法律で、屋外の集会、デモは厳しく規制され「安寧秩序」に害ありと判断された場

合はすべて禁止、たとえ屋内の集会でも警察官が「臨監」し、いつでも「弁士中止」「解散」を命じ、従わない市民や抗議した市民はただちに、牢屋に入れられました。

　さらに、天皇制に公然と反対しその民主的変革をよびかけた日本共産党が結成されると、1925年には治安維持法という法律が制定され、共産党に加入しただけで、「国体」＝天皇制の変革をもくろんだとして重罰に処され、その28年の改正で共産党とは関係のない市民も、民主主義や平和を叫ぶ運動をすれば共産党の「目的遂行罪」つまり"民主主義を叫ぶことは共産党の目的を助ける運動をした"として逮捕され拷問を受け、重罰に処せられるようになりました。ファシズム期になると、治安維持法は、戦争に反対する宗教団体などにも発動され、新興宗教やキリスト教の団体が反戦平和を唱えると、「国体」に刃を向ける団体として弾圧されるようになったのです。

　これが、悲惨な戦争がどんなに長くつづいても、日本では戦争反対や平和の声が現れなかった理由でした。

　その反省のうえに、憲法は、表現の自由をはじめ市民の自由を手厚く保障すると同時に、憲法31条以下では、他国の憲法にはないような、弁護人依頼権や拷問の禁止など事細かな刑事手続き的人権を保障したのです。

国家主義的教育が国民を戦争に駆り立てた──教育の自由

　第3の柱は教育の自由と民主主義です。憲法起草者は、日本の国民が侵略戦争を受け入れた背景には、先に挙げた要因だけでなく、天皇制国家による教育の影響が強いと考えていました。日本を占領したGHQのスタッフは、占領直後日本の憲法のどんな点に問題があるかを検討したレポートの中で、日本の「民主主義的傾向の復活強化」のための措置の一つに教育の問題を挙げていました。「中学校以上の教育機関は、その教科課程と教育内容について政府の規制を受けないこと。大学と学問の自由に関する事項については、文

部省その他政府の行政機関が干渉しないこと」[(1)]と。

　こうした占領軍の関心は、憲法23条の学問の自由、26条の教育を受ける権利となって憲法の中に規定され、広範な教育改革へと発展したのです。

　とくに、ただ教育の領域でのみ、憲法付属法として教育基本法が制定されたこと、戦前の教育制度を抜本的に改革して6・3・3・4制の平等な学制がつくられ、また、教育行政の官僚統制からの自立と中立性を民主主義により保障しようという構想から公選の教育委員会制度が創設されたのも、軍国主義の温床としての教育制度の改革重視の表れにほかなりません。

貧困をなくす福祉国家的規定

　第4の柱は福祉国家的規定です。教育と並んで侵略戦争を支えた条件として憲法起草者が重視したのが、日本の貧困でした。とりわけ貧困と低賃金の土壌となった日本の半封建的な農村の寄生地主制が侵略戦争の温床として注目されたのです。土地を持たない農民が、中国東北部への移民として大量に送り込まれたことなどが重視されました。財政を圧迫するのではないかというGHQ内部の保守派の危惧を押し切って、憲法に25条の生存権規定——25条1項そのものは憲法制定議会で社会党の修正提案で入ったものですが——をはじめ26条、27条、28条などの福祉国家条項が規定されたのです。

2. 憲法は何度も崩されようとした
国民の運動が阻んだ二度の危機

　GHQは占領当初こそ、これら憲法構想の実現に力を入れたものの、冷戦激化を境に急速に実現の意欲を失い、むしろ、憲法の構想の否認に転じました。とくに朝鮮戦争の勃発、激化に伴い、憲法9条の非武装構想は桎梏となり、GHQはその改変、破壊に乗りだしたのです。戦後初期には、アメリカも、日本軍国主義を押さえることによりアジアの平和を確保できると考えていたの

ですが、冷戦、中国革命の成功は、むしろ、アジアの「平和」の敵は拡大する社会主義にあり、これを封じ込めることが必要であり、そのためには日本の再軍備による冷戦への動員が必要と考えるようになったのです。朝鮮戦争の勃発直後の1950年、占領軍の命令により、警察予備隊というかたちで再軍備が始まりました。

　もともと、憲法を占領軍の日本弱体化政策の産物とみてその改廃を求めていた保守政治家たちは渡りに船と、憲法の改変に乗りだしました。こうして、憲法がめざす構想は、実現をみるいとまもないまま早くも否定と改廃の危機に立たされたのです。

（1）憲法と「戦後」構想の第1の岐路　1952年から60年
憲法構想に対する復古的改変の攻勢
　憲法構想に対する破壊の攻勢は、講和を前後して始まりました。
　まず、アメリカの強い圧力の下、9条への攻撃が始まりました。講和はアメリカを主力とするいわゆる「自由陣営」との片面的講和となり、講和に際して、それまで占領軍として日本全土に展開していた米軍をそのまま常駐できるよう安保条約が締結されます。警察予備隊として始まっていた再軍備も、保安隊、自衛隊へと進行しました。こうして、9条のめざした「武力によらない平和」とはかけ離れた現実が強制され、それを完成させるべく、憲法改悪による9条の廃棄がめざされたのです。
　しかし、日本の保守政権は、アメリカからせっつかれていた9条の改変に止まらず、憲法の全体の復古的改変をめざしました。非武装だけでなく「行きすぎた民主主義」「行きすぎた自由」も安定した保守政治の運行を妨げ、日本の再建にじゃまになると見なされたからです。民主主義の土台となる市民的自由の制限が始まりました。共産党の運動への規制や監視を目的に破壊活動防止法が制定され、全国に公安条例が張り巡らされて、市民のデモ行進への

規制が強まりました。

　とくに、復古主義の目標となったのが、教育の自由と民主主義でした。「教え子をふたたび戦場に送るな」のスローガンの下、再軍備反対の先頭に立った日教組の組合活動に対する規制をねらって、教育二法が制定され、さらに勤務評定の導入も強行されました。教育の民主主義を削減するために教育委員会の公選が廃止されました。教科書検定制度の導入、学習指導要領の法的拘束力付与により教科書内容の統制が始まりました。

　再軍備による財政圧迫の肩代わりのため社会保障財政の削減にも手がつけられました。

　こうして、憲法構想のすべての柱に復古的方向での攻撃がかけられたのです。

岸内閣の安保改定

　こうした憲法への攻撃の頂点が岸内閣の下での安保条約の改定でした。岸内閣は、たんに政治を復古的に改変するのでなく、冷戦という新たな情勢の下でアメリカに追随してアジアの大国として復活しようという野望を持っていました。安保条約の改定は、たんなる米軍基地の貸与条約から日米の軍事同盟条約への強化をめざすものでした。本来の軍事同盟には、改憲が必要ですから岸内閣は安保改定→憲法改悪を展望したのです。

　そんな岸内閣が精力を集中したのが、市民的自由の規制と教育の改変でした。岸のめざす「大国」の実現には、まず憲法のこの二つの柱を壊すことが不可欠だったからです。

全面講和、再軍備反対と改憲の挫折

　しかし、こうした攻勢に対し、国民は黙っていませんでした。第1の山場は、片面講和、安保条約、再軍備、憲法改正に反対し「全面講和、安保条約反対、再軍備反対、憲法擁護」を掲げる運動の昂揚でした。この運動は、50年に結

成された労働組合のナショナルセンター「総評」率いる労働組合と知識人、それに左派社会党などの政党が主力となって闘われました。この運動の大きな特徴は、アジア・太平洋戦争への反省を原動力としていた点です。総評を指導した高野実も、結集した労働組合活動家も、侵略戦争を阻止できなかった反省の上に立って立ち上がったのです。日教組のスローガン「教え子をふたたび戦場に送るな」も、そうした反省の決意が含まれたものだったのです。

　この運動に知識人たちが層として参加したのも注目すべき特徴でした。丸山真男、久野収、清水幾太郎ら若手、中堅に混じって、安倍能成ら戦前期に活躍したリベラルな知識人も参加したのです。「平和問題談話会」がつくられ、これが3度にわたる声明を発し、大きなインパクトを与えました。知識人たちが立ち上がったのも先の戦争を防ぐために力になれなかったことへの反省からであり、そこには丸山がのちに「悔恨共同体」(2)と名付けた共通の思いがあったのです。

　この運動は安保、再軍備を許しましたが、保守政権の追求した憲法改悪を阻みました。講和問題で左右に分裂した左派社会党、右派社会党のいずれもが「護憲」をかかげその後の選挙の度に躍進し、1955年の衆院選では左右あわせた社会党が、56年の参院選ではふたたび統一を回復した社会党がついに改憲発議を阻める3分の1の議席を確保することで政府は当面明文改憲をあきらめざるをえなくなったのです。

安保反対闘争による復古主義の挫折──「平和」と「民主主義」の合流
　第2の山場は、岸内閣の安保改定に反対する運動でした。今度の運動の昂揚を支えた原動力の第1は、「安保条約改定阻止国民会議」というかたちで、総評の仲立ちで社会党と共産党の共闘がつくられたことでした。革新勢力の最初の大きな統一でした。憲法が掲げる平和を守ろうとする熱意がこの統一を実現したのです。国民会議の結成により、いままで運動に参加しなかった

多くの市民が運動に加わり大きな昂揚をもたらしたのです。

　それに加えてもう一つの原動力となったのが、「民主主義」擁護の熱意でした。安保反対の声とデモの昂揚に焦った岸内閣が、60年5月19日、警官隊を導入して衆議院で条約批准の強行採決を行いました。この強行採決は、岸信介が太平洋戦争開始時の閣僚であり戦後戦犯容疑者として巣鴨拘置所に収容されていた過去と相俟って、人びとに、あの専制政治への回帰の懸念をよび起こしたのです。安保条約の改訂に賛成する人びとの中からも、ファッショ的な政治は許さないという声が湧き起こり、安保反対闘争は、平和の声に民主主義擁護の声が合流して、国民的な闘争に盛り上がったのです。条約の批准は参議院で議決せずとも30日経過すれば成立したため安保条約の改定は強行されてしまいましたが、国会を取り巻く数十万の力で岸内閣は総辞職を余儀なくされたのです。

　自民党政権は、安保闘争の昂揚に衝撃を受けました。復古主義を強行すれば、岸内閣だけでなく自民党政権そのものが潰れかねない。こうして自民党政治の転換が始まったのです。

自民党政治の下での憲法の「定着」・その1──「小国主義」

　自民党政治の変化の第1は、憲法改正の封印でした。岸内閣以後30年にわたり自民党歴代内閣は就任に際し、「自分の任期中の憲法改正はしない」と約束することが慣行となりました。憲法の第1の危機は回避されたのです。

　それだけではありません。自民党政治の第2の変化は、自民党政権の下で、憲法9条が歪められたかたちであれ定着したことです。60年安保改定を経て、安保条約と自衛隊の下で、アメリカに従属しアメリカの戦争に全面的に加担する体制が定着しました。米軍の直接占領下にあった沖縄も、72年には返還されましたが、米軍基地はそのまま沖縄に居座りました。しかし、そうした安保体制下ではありながら、憲法の改悪ができなかったため政府は自衛隊を9

条の下で合憲と強弁しなければならなくなったのです。

　政府はそのため、1954年に打ち出した解釈を踏襲しました。"自衛隊は、憲法9条が保持を禁止している「戦力」ではない。憲法の下でも認められている「自衛権」を行使するための必要最小限度の実力である"という解釈です。しかし、安保闘争に立ち上がった国民の運動は、そんなつじつま合わせに納得しませんでした。自衛隊を違憲とする憲法裁判が起こされました。国会でも、社会党、共産党それに64年に発足した公明党も、自衛隊は政府のこうした「解釈」とは異なる違憲の軍隊だとして政府を攻撃しました。

　こうした民主主義の力が事態を変えたのです。困った政府は、自衛隊の活動に強い制約をかけることで自衛隊の合憲性を説得しなければならなくなったからです。

　政府が自衛隊違憲論を逃れるために自ら課した政府解釈の内、重要なものは二つありました。一つは、自衛隊は侵略されたら反撃することはできるが、自ら海外に軍を派兵しない、また他国の戦争に加担する「集団的自衛権」行使は違憲であるという解釈です。

　もう一つは、たとえ、直接武力行使せず「後方支援」——兵站とよばれる、補給、輸送、修理などの業務——の名目でも、「他国の武力行使と一体化した活動」は禁止される、具体的には、自衛隊は、たとえ「後方支援」の名目でも戦場には行けないという解釈です。

　こうした制約を課せられた結果、自衛隊は、再三にわたるアメリカの要請にもかかわらず、当時アメリカが行っていたベトナム侵略戦争に自衛隊を派兵することはできなかったのです。韓国、台湾はじめアジア太平洋地域のほとんどの国がアメリカの要請に応じ「集団的自衛権」を発動してベトナムに兵を送る中日本は一兵も送らなかったのです。

　こうして「海外で武力行使しない国」が生まれたのです。憲法の非武装の構想は実現しませんでしたが、民主主義の力で、修正された「憲法」が定着し

たのです。

自民党政治の下での憲法の「定着」その2――企業社会と憲法の変質

　安保闘争で発揮された「民主主義」の力は、憲法の他の柱の実現をも促しました。

　憲法に規定された民主主義と市民的自由の柱は、安保闘争後の市民の運動により、現実の制度に定着しました。公安条例の規制に反対するデモ行進は、下級審ではありましたが、「デモ行進は民主主義の基礎である」という判決を生み出しました。

　憲法の25条にも大きな前進がみられました。1957年、重度の結核患者朝日茂が、兄の仕送りを理由とした生活保護費を減額されたことに怒り、低すぎる生活保護基準が憲法25条の生存権を侵害しているとして裁判（朝日訴訟）に踏み切りました。総評もこの裁判を全面支援しました。こうした運動の圧力で第一審の浅沼判決は、それまで学界などでも通説であった「プログラム規定」説――すなわち憲法25条は政策の方向を示した理想の表明に過ぎないという説――を否定し、憲法25条が法律を拘束する力をもっていることを宣言し、低すぎる生活保護基準を違憲・違法と判断したのです。二審は第一審判決をひっくり返し最高裁も上告を棄却しましたが、この裁判を機に、生活保護費は改善の一途をたどることになりました。朝日訴訟につづく訴訟の続発を怖れたからです。医療の面でも、この時代に国民皆保険が確立しました。

　しかし、この時代に、社会に大きな変化が起こり、それが憲法の構想にも重大な影響を与えるようになったことに注目しなければなりません。それは、高度経済成長にともなって、日本に特有の「企業社会」――企業のために働き企業の繁栄と企業内での昇進を通じて生活を改善することがモデルとなる社会――が成立し、政治や教育、家族の在り方を規定するようになったことです。企業に組み込まれた労働者は労働組合の力より企業への貢献と昇進で生

活を改善しようとするようになり「働きバチ社会」が生まれました。
　復古主義を断念した自民党政治は、福祉国家型の政治を展開する代わりに、企業の繁栄を促進する政治を展開し安定するようになりました。朝日訴訟を機にようやく前進しはじめた社会保障も、企業社会の成立にともない、停滞するようになりました。

企業社会と競争の教育
　民主主義と企業社会が両方大きな影響力を発揮したのが、教育でした。
　国民の運動は、50年代に進行した教育における国家統制の動きを鈍らせました。65年に始まった家永教科書訴訟も、こうした国家統制にブレーキをかける力となりました。他方、企業社会の成立に伴い、学校と企業への就職、昇進が深く結びついたため、憲法が構想した平等な教育とは異なる制度が定着しました。大企業に入るには中卒より高卒、それも一流高校卒というかたちで、企業への就職と教育が結びつく中で、高校進学率が著増し、「競争の教育」が普及しました。教育行政も、そうした横並び競争を促進する政策をとるようになったのです。

（2）憲法第2の岐路　1990年代以降
　1990年、冷戦の終焉と共に、ほぼ30年つづいた自民党政治の下での「憲法」体制は、ふたたび大きな岐路に立たされました。

冷戦終焉と軍事大国化
　冷戦の終焉、社会主義圏の崩壊、中国の市場経済への参入は、世界の政治経済をがらりと変えました。第二次世界大戦でアメリカが求めた、自由に大企業が活躍できる、単一の市場世界が現出したのです。いまや、アメリカや日本の巨大企業は、冷戦時の狭い「自由陣営」のみでなく、13億人の中国は

じめ世界を股にかけて活動できるようになりました。巨大企業には夢のような時代がやってきました。この新たな世界は、日本政府に二つの改革を迫ったのです。

　一つは、自衛隊の海外派兵とそれを阻む憲法の改変をめざす改革です。新たに「市場」に参入した地域は、中国、東欧といい、中東、アフリカといい大企業には魅力ある地域である反面危険も大きい地域でした。大企業が安心して活動できる秩序維持をはかる「世界の警察官」が必要となりました。アメリカが名乗りを上げましたが、アメリカは、一国だけで請け負うことを拒否し、当時アメリカを経済力で急迫していた日本にも「共に血を流せ」と要求したのです。自衛隊の海外派兵、米軍との共同軍事行動の要求です。

　しかし日本政府はその要求に応ずることができませんでした。自衛隊を合憲とするため、その活動に制約を課していた政府解釈が立ちはだかったからです。そのため政府は、自衛隊を海外に派兵することをめざし、その障害物となっている憲法の改変に手をつけることになったのです。

大企業の競争力強化をめざす新自由主義改革
　もう一つの改革は、冷戦終焉で拡大した世界で、大企業同士の世界を股にかけた競争が激化したことを機に起こった新自由主義改革です。大企業同士の競争に打ち勝つために、各国は、大企業の競争力を強化する改革に手をつけました。

　改革には三つの柱がありました。一つは、企業に働く労働者の賃金を切り下げることです。日本では、企業社会の下で、終身雇用、年功賃金が普及し、一生一つの企業にいることが「過労死」するような企業人間をつくっていたのですが、競争が激しくなると企業の労働力コストを切り下げるため正規労働者のリストラ、非正規化が推進されました。

　二つ目の柱は、企業にかけられた負担――とくに法人税などの負担――を

軽減する改革です。大企業の税負担軽減には、財政を小さくする必要があります。財政が大きくなれば、所得税や法人税を下げることはできなくなるからです。財政支出で最大の費目は社会保障費です。教育費も大きなものです。新自由主義改革は社会保障や教育費の削減に乗り出しました。三つ目の柱は、農業や自営業、中小企業の経営を守ったり、労働者や消費者を保護するためにつくられている大企業の活動に対する規制の緩和、撤廃です。

教育改革
　教育においても大規模な改革が始まりました。大企業が雪崩を打って海外に進出するようになると、高度成長時代のように大量の労働力はいらなくなりました。教育費の削減も大きな課題となりました。教育費の削減のために「学校のスリム化」が試みられ、また、削減された教育費を、大企業が世界的競争のために求める人材育成や先端科学技術の開発に効果的に投入するため、学校の差別選別と格差化が推進されたのです。

　新自由主義改革は、大企業のもうけを拡大し、その競争力を大いに高めましたが、社会に大きな打撃を与えました。激しい雇用のリストラで大量の失業者が生まれ、また非正規労働者を増やしたため、労働者の賃金は低く抑えられました。規制緩和により地場産業、農業は衰退を加速され、おまけに社会保障費の削減、生活保護費の削減により、失業者層は生活の保障を失いました。先進国にはあり得ないはずの「餓死」が生まれ、貧困と格差が社会問題として深刻化したのです。リストラ、非正規化、貧困による家族の解体は子どもたちを直撃し、教育改革と相俟って教育現場の荒廃をもたらしました。

　こうした新自由主義改革に批判が集中し、小泉内閣後、新自由主義改革の停滞が起こったのです。

自衛隊の海外派兵とその限界

　憲法に直接の危機をもたらしたのは、自衛隊の海外派兵の試みでした。自民党政権は、明文改憲失敗の教訓に学び、憲法条文に手をつけない解釈改憲方式で行おうとしました。

　9・11事件のテロを機にしたブッシュ政権の圧力を受けて、小泉内閣は、自衛隊をインド洋海域に、ついでイラクに派兵しました。憲法に大きな穴があきましたが、この派兵には憲法の縛りのために依然として大きな限界がありました。自衛隊の活動を制約する解釈を変えられなかったため、一つは、自衛隊は武力行使ができなかったことです。第2に、たとえ「後方支援」や「人道復興支援」という名目の下であっても、自衛隊の派兵地域が限られていたことでした。

　こうした限界を突破するには明文改憲しかないと判断して、小泉内閣のあとに政権をとった第一次安倍内閣は、ついに、「任期中の憲法改正」を公約して明文改憲に手をつけました。今度も、国民が反撃に立ち上がりました。「九条の会」が全国で7500もつくられ、改憲反対の世論が大きくなり、明文改憲の試みはあえなく挫折、第2回目の憲法破壊の試みは実現しないまま現在に至ったのです。

　90年代以来四半世紀に及ぶ憲法破壊の企ての完遂と、停滞を余儀なくされた新自由主義改革の再起動を期待されて登場したのが、第二次安倍内閣だったのです。

3. 安倍内閣は、憲法と「戦後」をどう改変しようとしているのか？

（1）安倍内閣のめざす大国の政治

保守支配層の宿願達成の切り札

　安倍内閣に期待されているのはどんな政治でしょうか。一つは、アメリカ

の要請にしたがってあるいは日本の国益を実現するために自衛隊を海外に自由に派兵し場合によっては武力行使できるようにすることです。そのためには、海外での武力行使を禁じてきた憲法解釈を根本的にひっくり返さなければなりません。この課題は、戦後憲法の第1の危機以来63年にわたり、冷戦終焉後の第2の危機からでも四半世紀にわたり、アメリカや保守政権が強くその実現を求めてきながら未だに実現できていない宿願です。

　もう一つは、日本の大企業がより繁栄するために、大企業の競争力を強化する新自由主義改革を再起動するという課題です。この課題も財界が一貫して求めながら、構造改革の弊害が深刻化して以来、停滞している懸案です。そういう意味では安倍内閣は、アメリカや財界の最大の切り札といえます。

安倍首相の思い——アジアの大国の復活

　安倍内閣は歴代内閣にみられない熱心さと執念で、アメリカや財界の期待に応えようとしています。なぜでしょうか。安倍首相自身が、日本をアジアで中国と対抗できる軍事大国に復活させたいという強い思いを持っているからです。この思いは、祖父岸信介の果たせぬ夢でもありました。「大国」になるためには、何もアメリカにいわれなくとも、国益確保のために、ドシドシ自衛隊を使うことができなければなりませんし、また大企業が繁栄する「強い経済」がなければいけません。強い経済がなければ軍事費の増加もできませんから、財界に頼まれなくとも構造改革をもう1回推進したいと思っています。

　しかも安倍首相は、大国化のために、アメリカや財界が望まないこともやってのけようとしています。

安倍内閣はなぜ歴史の修正、改竄にこだわるのか？

　それは、大国化に同意する国民をつくる、そのために、戦後日本の国民に根強くある"軍事大国にはならない、ふたたび戦争はしない"という意識を変

えるという課題です。憲法を支えてきた、こういう国民意識がはびこっていたのでは、とうてい、国益のためには戦争や軍事力行使も辞さないという決意は生まれないからです。そのために安倍首相は植民地支配や中国への侵攻は間違っていたという歴史を見直し国民に過去の日本に誇りを持たせなければならないと考えています。

　しかしここで大きな疑問が生まれます。大国化をめざすにしても、なぜ安倍首相は、過去の植民地支配や侵略戦争をきちんと謝罪し、その上に立って「自由と民主主義のために」国際的責任を果たす、といわないで、歴史の修正に固執するのかという疑問です。

　二つの理由があります。一つは、安倍内閣を支える執行部は、国民が軍事大国化の路線を支持するように国民意識を陶冶しなければならないという点では一致していますが、ではどうやって大国化の合意を取り付けるかをめぐっては、対立する二つの勢力が拮抗し、首相自身がゆれていることです。

　一方は、日本の大国化に国際的な支持を得るためにも、ある種の歴史的反省は必要だ、と考えるグループです。植民地支配や侵略戦争を反省することによって、アメリカと強固な同盟を組んでアジアに出て行く、そういう立場です。外務省や防衛省の官僚や財界人はこうした考えです。それに対して、反省やお詫びでは、国民は祖国に誇りなど持てない、だいたい植民地支配や慰安婦だって、当時はどこの国でもやっていた、戦争に負けた日本だけが謝罪を求められるのはおかしい、子どもたちに、きちんとした日本の誇りを教え込まなければ、と主張するグループです。日本会議や、安倍首相の「お友達」自民党タカ派グループがこうした主張を唱えています。

　安倍首相は、もともとタカ派グループの出身であり、歴史の見直し論者ですが、その主張を通せばアジアや世界から総スカンを食らうというのも分かっていて、動揺しているのです。

　安倍内閣が歴史の修正・改竄に固執するもう一つの理由はもっと根本的な

「戦後」にかかわるものです。戦後日本はいままでみてきたように、憲法に基づいて「軍事大国にならない」という原則を国是としてきたために、軍事大国をめざすには、「戦後」の原則を根本的に否定しなければならないという理由です。「戦後」西ドイツが、ナチスドイツを否定し共産主義と闘い自由陣営の一員として責任を果たすという原則で歩んできたため冷戦後もそういう「戦後」を否定する必要はなかったのと大きく異なります。

そうした「戦後」をひっくり返すには大きな「国民」運動が必要ですが、そうした改憲運動を担ってきたのは、一部のタカ派以外にはいませんでした。そのため、安倍内閣は、大国化のために不可欠な運動を、こうした勢力に頼るしか方法がないのです。

ここに、安倍内閣がアジアの大国を志向しながら、歴史に対する反省をすることができない大きな原因があるのです。

（２）「戦争する国」づくり

安倍内閣が、軍事大国化をめざしてまず取り組んでいるのが「戦争する国」づくりですが、その中心が自衛隊の海外での武力行使を阻んできた憲法に基づく政府解釈の改変であることはいうまでもありません。

解釈改憲をめぐる攻防

安倍内閣はこの課題を、憲法の明文の改変でなく解釈改憲でやろうとしています。小泉内閣時のような「姑息な」解釈では、いつまでたっても自衛隊の海外での武力行使を実現できないが、そうかといって憲法の明文に手をつけたら、国民の怒りを買って危険だ、ということで安倍内閣は、政府解釈の大転換をねらったのです。

安倍内閣が解釈改憲の中心においた一つは、集団的自衛権行使の容認です。それに加えて、もう一つが、「後方支援」を口実とすればいつでもどこにでも

自衛隊を海外に派遣できるようにすることです。この二つの解釈を変えてしまえば、私たちが9条を持っている意味はなくなるからです。

　こうした安倍内閣の思惑は、けれども、9条の改変に反対する国民の強い危惧と反対の前に、大きな修正、譲歩を余儀なくされました。国民の反対の声の高まりに動揺して連立与党の公明党が、集団的自衛権の容認に消極的となったからです。そこで、安倍内閣は、アメリカの戦争に地球の裏側まで行って協力する集団的自衛権行使の全面的容認ではなく、アメリカの戦争が「日本の安全に重要な影響を与える場合」──のちに「我が国の存立を脅かされ国民の生命、自由、幸福追求の権利が根底から覆される明白な危険が」ある場合と、より「厳格に」なりました──にかぎり、日本が攻撃されない場合でも武力行使に踏み切るという、集団的自衛権行使の限定容認論で、公明党の同意をとったのです。国民の声に押されて、またまた限定がついてしまいました。しかし安倍首相は転んでもただでは起きませんでした。集団的自衛権のこうした「譲歩」とひきかえに、「後方支援」という名目なら自衛隊をどこにでも派兵できるよう地域的限定を取り払うことを公明党に呑ませたのです。2014年7月1日の閣議決定がそれです。

戦争法案は何をめざすか？

　しかし、閣議決定だけでは、自衛隊は海外で戦争する軍隊にはなれません。この新「解釈」に基づいて自衛隊の活動を縛っている十数本の法律を「改正」しなければならないからです。そこで、2015年5月国会に出されたのが、「戦争法案」とよばれる、2本の法案です。

　この戦争法案は、海外での自衛隊の活動をすべての面で大きく拡大するものですが、最も重要な点は、以下の2点です。

　第1は、「後方支援」という名目なら海外に自衛隊がどこでも出動できるようにする改正です。先述のように、9条の縛りで、自衛隊は、「後方支援」と

いう名目でも、海外に出動するには大きな制約がありました。一つはたとえ「後方支援」名目でも「他国の武力行使と一体化した活動」は憲法に違反すると言うことから、自衛隊は戦地には行けないという地域的限定です。二つ目は、「後方支援」の中味も、他国の武力行使と一体化するような、弾薬の提供とか、発進準備中の航空機への給油などは禁止されていました。さらに3つ目は、「我が国周辺」での紛争への米軍の作戦行動への後方支援は、周辺事態法という法律でできましたが、「周辺」以外のインド洋やイラクへの出動については、いちいち法律──イラクの場合はイラク特措法──を国会で制定してからでないと行けませんでした。戦争法案は、この三つの限界をすべて取り払うことを可能にするものです。

　この法律が通るようなことがあると、自衛隊は、戦場だろうとどこだろうと、「現に戦闘が行われているところ」でない限りどこへでも行くことができ、しかも弾薬提供を含めほぼあらゆる戦闘支援ができ、しかもいちいち法律を通さなくても行けるようになります。「イスラム国」討伐だろうが、ウクライナだろうが、シリアだろうが、「後方支援」という名目ならどこでも行けるようになるのです。

　第2は、アメリカ等による戦争の内、放っておくと「我が国の存立を脅かすような事態」──法案では「存立危機事態」とよんでいます──だと政府が判断すれば、自衛隊は海外で米軍等の戦闘に加担して武力行使することができるようになることです。これがいわゆる集団的自衛権行使の限定容認です。2015年6月4日の憲法審査会で与党推薦を含めた全参考人が違憲であると発言し、国会やマスコミの報道で大きく取り上げられているのは、こちらの改正です。

「戦争する国」は民主主義を嫌う
　安倍内閣の「戦争する国」づくりは、こうした解釈改憲だけに止まりません。

海外で戦争できるよう、自衛隊の装備や編成を侵略軍として強化することも実行されています。

　さらに戦後70年間、憲法の下でつくられてきた「戦争しない国」の制度の全面的改変が次々実施されています。その象徴が、安倍内閣の下でつくられた特定秘密保護法です。自民党政権は、戦後何度も秘密保護法の制定を試みましたが、その度に反対運動ではね返されてきました。"日本には守るべき軍事秘密はない"という声が秘密保護法制定を認めなかったのです。ところが安倍内閣は、2013年強行採決をくり返し、この法律を通しました。

　この法律は、戦争する国づくりは民主主義をないがしろにすることを改めて示しました。戦前日本では戦争や海外への軍隊の派兵は、天皇の独断で決めていました。日本国憲法の下では、その決定は国民に委ねられたのですが、戦争や外交の判断に不可欠の情報を国民から隠すのが、秘密保護法です。国民が重要な情報を与えられないままに、判断を下さざるを得なくなれば、民主主義は名ばかりになるからです。

「戦争する国」づくりの完成めざす明文改憲

　万一、私たちが戦争法案を通すようなことがあれば、安倍内閣は、必ず、明文改憲——自民党政権が国民の反対の声で何度も痛いめにあってきた——に乗り出すでしょう。

　ここで一つ疑問が起こります。安倍内閣が戦争法案を万一強行すれば、憲法9条は、ほとんどその力を失うので今さら国民の反対の強い明文改憲などしなくてもいいのではないか、という疑問です。たしかに、戦争法案が通ってしまうと9条の歯止めは大きく後退してしまいますが、憲法が残っていることは「戦争する国」づくりにとって大きな障害物であることは、過去2回の憲法の危機を乗りこえた結果でも明らかです。

　まず政府が戦争法案を万一通してもいざ自衛隊を海外に出動させる場合

には、国会で大きな反対に遭うだけでなく、海外派兵の違憲を問う憲法裁判が起こることは間違いありません。国会でも憲法学者の中でもこれだけ違憲という声が強いとき、裁判所で違憲判決が出る可能性は決して低くありません。また、日本国憲法は、9条だけでなく憲法全体が日本を軍国主義にさせないための憲法ですから、戦争するのに不可欠な制度が何もありません。たとえば、戦争するときには、議会の議を経ずに、政府が命令で国民にさまざまな行動を強制する必要があり、多くの国の憲法では「緊急事態」規定がありますが、日本国憲法にはありません。また戦時には言論の統制が不可避ですが、戦争の経験をふまえて憲法21条は、「絶対的に」表現の自由を保障しています。「戦争する国」づくりを完成させるには、憲法をなんとしても変える必要があるのです。

（3）大企業が一番活動しやすい国づくり──新自由主義改革の新段階

　大国化をめざす安倍内閣がやろうとしているのは「戦争する国」づくりに止まりません。安倍内閣は、大企業の競争力を強化するための新自由主義改革を再起動し、新たな段階に引き上げようとしています。安倍内閣は、先の総選挙のスローガンとして、それを「企業が世界で一番活動しやすい国」といいました。

　小泉内閣の下で行われ大きな反発をよんだ医療、介護保険制度の改悪にふたたび手がつけられ、国民皆保険体制の解体がもくろまれています。また、企業の労務費を安くするために非正規労働者を固定化させる労働者派遣法の改悪も強行されました。

　安倍内閣による新自由主義改革の新段階は、大企業の負担軽減や規制緩和だけでなく、大企業の市場を開拓し、大企業により直接的な支援を行おうという政策として現れています。巨大企業の市場開拓で安倍内閣がとくに力を入れているのが、原発です。

安倍内閣は、「地球儀俯瞰外交」と名づけて就任以来すでに50カ国を上回る国を訪問していますが、この訪問先では、ドシドシ自衛隊を海外に派兵することで世界秩序の維持に貢献するという「積極的平和主義」の宣伝と共に、日本の原発の売り込みに精を出しています。原発は、ゼネコンからIT産業に至るまで多くの巨大企業が参加でき、しかも建設だけで1基平均5000億円という巨額の市場です。安倍首相のセールスポイントは「日本の原発は世界一安全、なぜなら福島のノウハウがあるから」というひどいものです。3・11の悲惨な原発事故を経験したにもかかわらず、安倍内閣が地域の安全も顧みずにむりやり原発再稼働に走るのは、国内原発が未だ動かないというのでは「世界一安全な原発」の売り込みに都合が悪いからにほかなりません。

（4）教育改革の二つの役割

　安倍内閣の政治の第3の柱には教育改革がすえられています。安倍内閣が教育を重視するのは、子どもたちの教育を通じて自国に「誇り」をもち大国化を支える国民をつくりたいというねらいと、大企業に役立つ人材をつくりたいという二つのねらいがあるからです。安倍首相自身はとくに第1のねらいの実現に焦っています。戦後70年で、いろいろなメディアが調査しても、国民の多くは、戦後日本の平和国家の歩みを正しかったと答えています。安倍内閣が推進しようとしている集団的自衛権についてもどの調査をみても反対が多数です。これでは軍事大国政策は推進できない。そこで、安倍内閣は、鍵は教育による子どもたちの感化だと思っています。安倍内閣になってから、教科書における慰安婦、君が代、南京大虐殺などの記述が問題とされ、教科書検定基準の改定が行われたのは首相のこうした思いによるものです。

　それに対して教育改革には、もう一つ、大企業の競争力強化のために、企業にもっと役に立つ人材を手っ取り早く養成したいという要請もあります。世界的規模で一層競争の激化している大企業にとって役立つ人材を養成す

るには、教育をもっと効率的に改変する。そのためには幼児期から、役に立つ子どもとそうでない子どもを振り分け、役に立つ人材に重点的な効率的投資を行うことがめざされています。戦後教育の中で打ち出された6・3・3・4制に手をつけるという学制大改革が打ち出されているのは、そうしたエリート養成のためのより効率的な学校づくりをねらってのことです。

　大企業の競争力に直接的に役立つという点では、大学改革も安倍内閣の進める教育改革の目玉です。グローバル競争の武器となる先端的科学技術の育成のために、国立大学の運営費交付金をそうした成果を生み出しそうな大学に重点配分するという改革が推進されていますし、大学をより大企業の役に立つものに変えていくために大学の管理運営を学長専決体制にし、意思決定を集権的なものに変えていく改革が進められています。ここでも民主主義の破壊が同時に行われています。

　安倍内閣の政治の三つの柱——自衛隊の海外での戦争加担体制、大企業の競争力を付けるための社会保障の削減、教育の国家統制や格差・選別の教育——、これらはいずれもセットで、憲法の構想を根本的に否定しようというものです。

小括　未完の憲法構想の実現めざして

　戦後70年にわたる憲法をめぐる攻防をかけ足でみてきました。

　本章がもっとも強調したのは、戦後の出発に当たって侵略戦争の反省のうえにつくられた憲法は、それを否定しようという試みに立ち向かう国民の抵抗により守られ、その度に国民により選びなおされてきたこと。その結果、大きな歪みと修正を経てはいるものの、憲法をふまえた平和と民主主義、教育の制度がつくられてきたということです。

　9条をとってみましょう。憲法9条を死守した結果、自衛隊はいまだに海外

で人を殺していません。戦争や内戦を知らない国民が4分の3を越える国は、アジアの中ではほかにありませんし、こうした国ができたのは決して偶然ではありません。民主主義と自由を蹂躙する戦争を防いできた結果、私たちの民主主義も自由も激しいやりとりを通じてですが、維持されてきました。

　にもかかわらず、いま私たちが手にしている平和、民主主義、教育の制度は、決して私たちの望むものではありません。憲法9条をとってみても、戦後70年を経てその理念の実現にはほど遠い現状があります。日本の自衛隊は人を殺さなかったとはいえ、戦後のアジアは戦争の策源地であることをやめませんでした。日本でも安保条約の下で日本全土に米軍基地があり、アメリカの戦争の基地となっています。沖縄では辺野古新基地建設が問題となっています。自衛隊はいまや世界有数の軍事力です。また、直接自衛隊を出さなかったとは言えさまざまなかたちで日本は戦争に加担してきました。侵略の歴史を総括し国民的教訓にする営みはまったく不十分です。憲法は依然として未完です。

　ところがいま、安倍内閣はそんな建築途上の憲法を根本的に破壊しようとしています。

　私たちの課題は何でしょうか。安倍内閣の憲法破壊の企図を阻むことです。それは現状を維持するという保守的な性格を持った事業ですが、あの60年安保闘争がそうであったように、憲法を実現し、私たちの平和、民主主義、教育を豊かなものにする途は、この闘いを通じてしかあり得ません。この闘いを通じてこそ、憲法の構想した平和、民主主義、教育をもう一度、選びなおし、それを実現する営みが始まります。

<注記>
(1) ラウエル「日本の憲法についての準備的研究と提案」45.12.6, 高柳賢三他編『日本国憲法制定の過程1』有斐閣、1972年所収、9頁。
(2) 丸山真男「近代日本の知識人」同『後衛の位置から』未来社、1982年、114頁。

ブックガイド

民主主義と教育を考える

中村（新井）清二

　今日、学級会や児童会・生徒会はそもそもなぜ必要なのでしょうか。学校や教室における子どもの参加がなぜ追究されているのでしょうか。また、なぜ子どもの声を聴くことが大事だとされているのでしょうか。それは、つきつめていえば、教育基本法における教育の目的（「平和で民主的な国家及び社会の形成者……の育成」）を引くまでもなく、民主主義とつよく結びついているからです。

　民主主義の第一の特徴は、統治者と被統治者の同一性にあります。言いかえれば、社会のあり方の正統性がその構成員ひとりひとりによる集団的意思決定に由来する、自治という統治のあり方です。戦後日本が民主主義の国として再出発し、民主主義を確かなものにしようとする多くの努力があるなかで、自治が重んじられるようになったのは自然なことでした。

　学級会や生徒会、児童会はまさに自治と結びついた仕組みです。戦後、教師たちは、自分たちのことは自分たちで決める、という集団生活のあり方を子どもたちにいかにして保証するか、戦前の教育への反省もにじませながら、腐心してきたのです。

　今日の教育現場においても、日々の教育実践の意味を確かめたり、とらえ直したりするのに民主主義という視点は欠かせないはずです。しかし、なぜ・どのように欠かせないのか、21世紀の日本の民主主義を念頭に置いて説明しようとするとそう簡単ではありません。そこで、以下では、今日の民主主義と教育の関係について理解を深めるための書籍を紹介します。

①『デモクラシーの論じ方――論争の政治』

（杉田敦著、筑摩書房、2001年）

　民主主義の特徴は自治であると言いました。ですが、それ以上の特徴をのべようとすると考えなければならないことが増えてきます。民主主義とはその自治のしくみとしての代議制（議会制）である、とは言い切れませんし、さらにそのルールとしての多数決である、とも言い切れません。あるいは、逆に、決定に至るプロセスにこそ本質がある、とも言い切れませんし、そのプロセスを進める政治的主体がその本質であるとも言い切れません。

　本書は、今日、民主主義を理解する上で欠かせない8つの視点（制度、安定性、国民、公共性、代表、討論、憲法、重層性）について、対話形式でやさしく教えてくれます。

②『変貌する民主主義』

（森政稔著、筑摩書房、2008年）

　日本は民主主義の国として再出発しましたが、1970年代あたりを境にすこしずつ民主主義自体の多様な可能性が語られるようになります。

　本書によれば、1990年代には、参加民主主義、討議民主主義、熟議民主主義、闘技民主主義など、形容詞つきの多様な民主主義がはっきりと論じられるようになりました。このことが示しているのは、反民主主義という立場は論外であり、民主主義体制の内側で生まれた諸問題に民主主義の深化をもって応えようとした社会の姿であるといってよいでしょう。

　本書はこの「形容詞プラス民主主義」の展開を現実社会の変化と結びつけながら、民主主義思想史として描いています。そのなかでも、「形容詞プラス民主主義」論の決定版として、近年もっとも注目されているのが熟議民主主義です。

　熟議民主主義が注目される背景にあったのは、今日のような多様な人びとが生きる社会における政治的意思決定にほんとうにその多様なあり方が公平に反映されているのか、という課題でした。そのため、代議制などの基本的制度の適切さだけでなく、その意思決定過程における多様な人びとの活発な討論が注目されるようになりました。討論への十分な参加を介してこそ、多様なあり方を活かすことができる、と期待されたからです。この討論の適切なしくみやあり方が議論されるときに取り上げられたのが、ハーバーマスの「理想的発話状況」、コーエンの「理想的熟議過程」、ロールズの「公共的理性」といった概念でした。

　しかし、熟議民主主義をめぐる議論が旺盛になされるにつれて、いくつかの問題が認められるようになりました。その一つは市民性をめぐる論点です。

　熟議の理論では、まず、民主主義の政治過程を、多様な人びとからなる社会での合理的な集団的意思決定（合意形成）過程として捉えます。そのうえで、合意形成のためには、①議論が遂行される場で多様な人々が等しく参加できる条件が整えられる必要があり、それ故、②公共圏に参加する人々自身が、教化や操作といった権力的活動に惑わされないように、合理的で分別のある議論を行い、自律的に思考し、また、他者の展望や経験を認め、他者に寛容であることが必要とされます。つまり、熟議理論における市民は、合理性、自律や寛容といった徳（市民性）を備えていることとされました。このことは教育にとって重要な論点です。というのも、こうした徳はどうしたら涵養されるのか、という問いを私たちに促すからです。

③『政治的なものについて──闘技的民主主義と多元主義的グローバル秩序の構築』

（シャンタル・ムフ著、酒井隆史〔監訳〕、篠原雅武〔翻訳〕、明石書店、2008年）

　本書の著者であるシャンタル・ムフは、今しがたのべた熟議理論に対して、以下のような問題があることを率直に述べています。

　合理的な合意の条件として、政治的主体があらかじめなんらかの徳（市民性）を身につける

ことを想定するのが熟議理論でした。言い換えれば、意見の対立や権力的な活動がたとえ生じたとしても、適切な市民的徳を備えてさえいれば、分別のある議論が担保され、合理的な合意へとたどり着く、と期待されたのです。

ムフが疑義を向けているのは、熟議理論が対立や権力を取り除くべきものとする点です。「合意の政治」として捉えてしまうことで、民主主義の重要な特徴を捉えられないというのです。

捉え損なうのは、社会から消滅することはない、「われわれ」と「彼ら」による対立や衝突がもつ意味です。すなわち、部分的に可能であっても完全には和解しあえないからこそ、「リベラル民主主義体制」の今日に至る深化があったという捉え方です。

ムフが言わんとしているのは、「体制」とことなるものとしての「政治」です。リベラル民主主義体制とは「人々の共存を組織化する固有の形態」であり、それは自由と平等というそもそも両立しない二つの原理の接合の結果です。そして、その接合をもたらしたのが、ヘゲモニー闘争の場（権力の変革が争われる場）としての政治です。この意味での政治が、リベラル民主主義体制のラディカルな変革を用意してきたというのです。

ムフは、民主主義の理論は、除去しえない対立、つまり体制とは異なる政治の次元を扱うものであるとし、それを「闘技民主主義」とします。

本書は、この闘技民主主義論の到達点を示すものと言えます。とりわけ、ヨーロッパの現状に即した分析が展開されている点で非常に興味深いものとなっています。新自由主義に明確な対決軸を用意できないまま、その存在意義を自ら掘り崩してしまったリベラリズムや社会民主主義陣営の姿、右翼ポピュリズムの台頭など、今日の日本においても見られる社会現象が鋭く分析されています。

④『デモクラシー・プロジェクト──オキュパイ運動・直接行動・集合的想像力』

（デヴィッド・グレーバー〔著〕、木下ちがや・江上賢一郎・原民樹〔訳〕、航思社、2015年）

2010年春のスペインのバルセロナ広場での大規模なオキュパイがあり、秋のニューヨークでのオキュパイ運動、そしてアラブの春があり、日本では3月11日の原発事故を契機に現在も官邸前の反原発運動が続いています。

本書は、2010年の秋、世界中の多くのひとが可能性を感じ、想像力を掻き立てられたウォール・ストリートでのオキュパイ運動について、99％の立場からの報告です。街頭で繰り広げられた新しい民主主義運動の特徴、なぜ成功したのかという分析、民主主義の歴史の捉え直し、そしてオキュパイ運動で確認された民主主義の作法、といったことが縦横無尽に述べられています。

オキュパイ運動といえば、インターネットを介して世界中に知られた魅力的な映像を思い出します。人間マイクをとおして、思考が集団として練り上げられていく場面。ハンドシグナルを用いて、他の人の発言を妨害することなく賛意が表されたり、疑問が示されたりして、スピーカーは遮られることなく状況確認をしていた場面。

こうしたオキュパイ運動の実践と作法を具体的に記述していくなかで浮かびるのは、人々のなかにある豊かな想像力です。たとえば、ジェネラル・アッセンブリ（全体集会）での合意形成プロセスがその一例です。そのプロセスを支える無数の具体的工夫が運動のただなかで培われていったのです。これは、より多くのひとの参加を追究してきた民主主義の歴史とも重なるものです。

また、アメリカの民主主義の可能性およびオキュパイ運動が可能にしたラディカルな想像力の開花を、広い歴史的視野のなかで描いてもいます。これは、文化人類学者である著者でなくてはなし得ない興味深い内容ですが、このことがもたらす意味はさらに深いものです。というのも、民主主義がエリート主義的な文化と結びつけられてきたことによる弱点を克服する道筋を示しているからです。

⑤『民主主義を学習する——教育・生涯学習・シティズンシップ』
（ガート・ビースタ〔著〕、上野正道・藤井佳世・中村〔新井〕清二〔訳〕、勁草書房、2014年）

本書は、教育哲学者である著者が、合意よりも対立に注目する民主主義理論を念頭に置きながら、ヨーロッパにおけるシティズンシップ教育の政策の動向および「民主主義の学習」を論じたものです。ビースタもまた、「合意の政治」について、とくに教育という視点から、問題があると考えています。

合意の政治からすると、その主体とは、合意形成に適した不偏不党性や合理性を備えた市民であり、教育はそうしたよき市民の産出を図ることが期待されることになります。ですが、皮肉にも、等しく〈よき市民〉であることが違っていることよりも強調され、したがって対立のもつ重要性が減じられてしまう、と著者はいいます。

ビースタは、政治の本質を対立にみることで、シティズンシップ教育の異なる捉え方が拓かれるといいます。その捉え方とは、新しい政治的主体の出現のプロセスであると同時に、民主主義を再創造していくプロセスとして捉えることです。

そのプロセスでは、政治の目的を、すくなくとも、互いに破壊し合う暴力的対立からコミュニケーション可能な友好的な対立へと変換すること、と捉えます。

この変換において焦点となるのが政治秩序という「舞台」です。というのも、暴力的対立が生まれるのは、友好的な対立を可能とする舞台の上に対立する他方の者の場所がないからです。つまり、友好的対立への変換とは、対立する者の場所を設け、新しい政治的主体として振る舞えるよう舞台を変革すること、つまりその声を意味のないノイズではなく「声」として現れるようにすること、とされるのです。

こうして提案されるのが「市民学習」です。これは、シティズンシップ教育として、あらかじめ特定の政治的能力を身につけておく、という発想とは異なるものです。つまり、政治に実際に「関与」できるようにすることがその学習だと捉えるものです。ビースタによれば、既存の民主主義の更新という実際の民主主義政治に関与することで政治的主体が出現する以上、

こうした学習でなければならないのです。

⑥『経済成長がすべてか？——デモクラシーが人文学を必要とする理由』
(マーサ・C・ヌスバウム〔著〕、小沢自然、小野正嗣〔訳〕、岩波書店、2013年)

　21世紀の今日、グローバル市場での競争力を維持するために各国は、「無駄」とされるものを切り棄て、短期的な利益の追求を最優先する時代です。著者は、人文学と芸術は無用の長物と見なされていることに強く警鐘をならします。人文学と芸術の軽視は、私たちの社会に大きな危機をもたらす、と。その危機とは、民主的自治に甚大なダメージを与える、世界規模の教育の危機です。

　現在、経済成長を最優先する国家は、その政策に都合の良い人材のイメージに従って教育を構想しています。つまり、利潤の追求という動機から、国益を確保する上で必要な科学と技術にのみ教育的重要性を認めるような事態です。ヌスバウムは「こうした傾向が続けば、そのうち世界中の国々で、自らものを考え、伝統を批判し、他人の苦悩と達成の意味を理解できる成熟した市民ではなく、有用な機械のような世代が生み出されることになるでしょう」と述べます。つまり、民主主義の存続に必要な技能の育成を無頓着に放棄している、と言うのです。

　ヌスバウムがいう民主主義に必要な技能とは、批判的に思考できること、世界の諸問題を事実として認識すること、そしてこの二つと結びついて重要とされるのが、他人の苦境を共感をもって想像できることです。それは、人間関係のなかで、相手を利用したり操ったりする単なる対象ではなく、人間存在としてみることだといいます。この3つの力は、科学に対立するものではなく、むしろ科学実践自体を裏打ちするものであり、加えて、経済発展にとっても不可欠のものであると言います。つまり、「利益のための教育」の支持者たちは、その目標の達成に必要とされるものについて実に貧しい考えしか持っていない、というわけです。

　民主主義にとって必要な教育とはどのようなものなのでしょうか。ヌスバウムは、アメリカ合衆国とインドの教育を紐解きながら述べます。前者ではとりわけジョン・デューイの教育、後者ではロビンドロナト・タゴールの教育です。両者の教育はともに人文学を大切にするものですが、もっとも綿密に展開されたのが想像力を育む要としての芸術です。

　批判的思考、世界の諸問題に関わる人文学および想像力を育む芸術こそ、経済的繁栄と民主主義にとって不可欠の教育だというのです。

おわりに

教育の民主主義を創造しつづけよう

　戦後70年の節目のときに、「教育の民主主義」について、あらためて考え、創造しようと本書を企画しました。教育は学校教育に限られるものではありませんが、子どもの教育に携わる親や教師、そして教師をめざす大学生に読んでもらいたいという願いから、本書では、今の学校教育における「教育の民主主義」の現状と可能性を探ることに重点がおかれています。

　もう子どもたちを戦争に行かせなくていい、人殺しをさせなくていい、空襲の恐怖におびえなくていい……、70年前、食べ物もない焼け野原でも人びとは安堵感と喜びのなかで、希望に向かって歩み出したのでしょう。しかし、個人の尊厳よりも「お国のため」が絶対だった時代が長くつづいていたのですから、1946年11月3日に公布された日本国憲法にある「自由」「人権」「民主主義」「平和」などのことばがあらわす実態を日本社会につくり出すことは容易なことではありませんでした。そこで、1947年5月3日の憲法施行の約1ヵ月前の3月31日に施行された「教育基本法」では、前文で次のように述べられました。

　「われらは、さきに、日本国憲法を確定し、民主的で文化的な国家を建設して、世界の平和と人類の福祉に貢献しようとする決意を示した。この理想の実現は、根本において教育の力にまつべきものである」

　日本国憲法が描いた社会は、まさに「理想」であって、「絵に描いた餅」でした。その「理想」の実現は「教育の力にまつべきもの」、つまり戦後の教育は日本国憲法の「理想」を「現実」にしようという決意でスタートを切りました。

　戦争に賛成する人びとが圧倒的多数になったときに戦争が始まるの

ではなく、何も考えない人びとが多数になったときに戦争はまた始まってしまうかもしれません。そして始まってしまった戦争を遂行するために世論も物資も動員され、それに反対する人びとは非難されるようになるでしょう。ですから、平和を実現するためには、人びとが考えることをやめないで、他の人たちと意見を言い合える民主主義がなければなりません。そこで、戦後直後の学校教育では、先生の言うことを疑問を持たずに聞くのではなく、おかしいと思ったら先生にでも親にでも自分の意見を言い、その根拠を示せるように勉強し、お互いに話し合って問題を解決していける社会を築いていくための教育がめざされました。

　しかし、日本の戦後復興は民主主義の実現より、むしろ経済成長によって進められました。がんばって働いて所得を得ることで幸福な生活が保障されるという人生観が広がり、教育は子どもたちが将来より多くの所得を得る仕事につくための手段となっていきました。1960年代の高度経済成長期には、学校教育は、職場の上司の言うとおりに働く従順な労働者を送りだすことを求められ、自分で考えて意見をもつのではなく、目上の人が自分に何を望んでいるかを察知して、その期待通りに行動できるような人間を教育する場になっていきました。

　グローバル競争が激しくなった今日の学校教育は、競争を勝ち抜くための創造性をもつエリート層から人件費の調節可能な不安定雇用層まで労働者を選別する機能を持たされ、階層化の根拠としての「教育成果」を提供する面も持たされてしまっています。より早く競

争のスタートラインに立つのがよい、競争の結果は自分の能力や努力によるものだから仕方がない、他者とは、協力したりわかりあう相手ではなく、勝つか負けるかの存在だ、などの見方で子どもや教育にかかわる人びとが少なくありません。

　こうした中で、あらためて「教育の民主主義」を問う意味があると私たちは考えました。経済の論理が優先させられて効率よく「人材」を育成するような、一人ひとりの固有性を奪って、だれかと取り替え可能な労働力の商品にしてしまうような教育が広がる一方、そんなことでは人間は育たない、どうしたらさまざまな困難を背負った人もみんな大切にされる教育ができるのかと模索している人びとも確実にいます。私たちは、そこに教育の民主主義を見いだすことができると思いました。

　教育の民主主義の「民」とは、一人ひとり固有な子どもたちであり、その子どもたちが「主」である教育が、教育の民主主義です。しかし、それはどこかに完成したお手本があるわけではありません。私たちが多様な人びとと出会い、模索しながらつくっていくものです。

　本書にはさまざまな教師の姿や教育実践が登場します。これがはたして教育の民主主義なのか、という疑問を持たれる方もいるでしょう。そうした疑問を抱く場合の民主主義とは何でしょう。そこから対話を始めたいのです。

　まえがきでも紹介した、1948年に文部省（当時）が作成した教科書『民主主義』は、「政治上の制度としての民主主義ももとよりたいせつであるが、それよりももっとたいせつなのは、民主主義の精神をつかむことである」と述べていました。民主主義の精神とは、争いを武力衝

突にしないで解決しようとする難問を放棄しない政治を求めると同時に、身の回りで起こる問題を身近な人びとと協力して解決するために話し合ったり考えたりすることをやめないという実践の中で培われます。

　いじめにあったり、いじめを見てきた子どもたちは、仲間はずれになって孤立したり、攻撃されたりしないように自分を守ろうとして、自由に自分の意見を述べて物事の解決のために話し合うことができないでいるかもしれません。投げやりな態度や沈黙の背景にある子どもたちの痛みを想像し共感して、一人ひとりが尊重される関係を築くという容易ではない教育の課題に私たちは直面しています。また教師も親など子どもの教育にかかわる人々も、他者からの非難をおそれてよい教師やよい親であろうとして萎縮してしまいがちです。教育における民主主義とは、おとなも子どももそれぞれの痛みを共有し、人間関係における気づかいを突破して、お互いを尊重しあう関係をどうやってつくっていけるかを模索することに他ならないでしょう。

　いま私たちは、東日本大震災の津波や原発事故で生活基盤を奪われた子どもたちや、貧困、発達障害、性的マイノリティ、在日外国人などの子どもたちの成長・発達の権利保障など、あらたな課題にも直面しています。あらたな課題は、私たちに、さらに教育の民主主義を創造しつづけることを求めています。

　　　　　　　　　　　　　　　　　　　　　　2015年8月
　　　　　　　　　　　　　　　　編者を代表して　片岡洋子

【執筆者】（執筆順）

佐藤 博（さとう・ひろし）
1948年生まれ。元公立中学校教諭・法政大学非常勤講師

霜村三二（しもむら・さんじ）
1950年生まれ。元公立小学校教諭・都留文科大学非常勤講師

大江未来（おおえ・みき）
1959年生まれ。公立小学校教諭

制野俊弘（せいの・としひろ）
1966年生まれ。公立中学校教諭

川上蓉子（かわかみ・ようこ）
1942年生まれ。元大学図書館司書、日本子どもの本研究会会員

中西新太郎（なかにし・しんたろう）
1948年生まれ。横浜市立大学名誉教授

渡辺 治（わたなべ・おさむ）
1947年生まれ。一橋大学名誉教授

中村（新井）清二（なかむら・あらい・せいじ）
1977年生まれ。大東文化大学講師

【編者】

片岡洋子（かたおか・ようこ）
1955年生まれ。東京都立大学人文学部卒業。千葉大学教授。現在、教育科学研究会常任委員。専門は、教育学、ジェンダー・人権教育、生活指導論など、子どもたちが自分を表現し相互理解しながら自己形成するための教育実践について研究。

久冨善之（くどみ・よしゆき）
1946年生まれ。東京大学教育学部卒業。一橋大学名誉教授。現在、教育科学研究会常任委員。専門は教育社会学、学校文化・教員文化論で、教師の仕事、その独特の難しさと乗り切りにまつわって生じる文化を研究。著書に『競争の教育』（旬報社）、『教師の専門性とアイデンティティ』（編著、勁草書房）など多数。

教育科学研究会
教育科学研究会（略称・教科研）は、教育の現場（学校や園、家庭や地域）で起こっている現実を見すえながら、子どもの未来と教育のあり方について、教職員、保護者、指導者、学生、研究者などが共に考えあい、実践・研究しあう自主的民間団体。1937年結成、1952年再建。雑誌『教育』（かもがわ出版）は、教科研が編集する月刊の民間教育誌。

教育をつくる
民主主義の可能性
2015年8月25日　初版第1刷発行

編者	片岡洋子・久冨善之・教育科学研究会
ブックデザイン	Boogie Design
発行者	木内洋育
編集担当	田辺直正
発行所	株式会社旬報社
	〒112-0015 東京都文京区目白台2-14-13
	電話（営業）03-3943-9911
	http://www.junposha.com
印刷・製本	中央精版印刷株式会社

©Yoshiyuki Kudomi et al.　2015　Printed in Japan
ISBN978-4-8451-1416-0